KB040615

Time

시간의 의미

김경렬

생각의힘

차례

머리말

"시간이란 무엇일까?"

이것은 우리에게 매우 익숙한 질문이다. 그런데 막상 이 질문에 답하려고 하면 적절한 말이 쉽게 떠오르지 않는다. 우리에게 매우 익숙한 것 같으면서도 난감한 질문인 것이다. 오래전 고대의 철학자들도 이 문제에 대한 답을 찾기 위해 많은 고민을 하였던 것 같다. 이러한 고민에 대해 성 아우구스티누스(Aurelius Augustinus)는 이렇게 고백하였다.

"시간이란 무엇일까? 사람들이 내게 이런 질문을 하기 전까지는 나는 이에 대해 잘 알고 있다고 생각하였다. 그러나 이 질문을 한 사람에게 이를 설명하려고 하자 나는 시간에 대해 정말 아는 것이 하나도 없었다."

그럼에도 불구하고 우리는 시간이 흘러가는 것을 분명히 느끼고 있다. 해가 뜨고 지는 것을 바라보면서, 밤하늘에 달이 차고 기우는 것을 보면서, 그리고 봄 여름 가을 겨울의 계절이 바뀌는 것을 경험하면서 우리는 시간이 흐르고 있는 것을 피부로 느끼고 있다.

17세기에 뉴턴(Issac Newton)은 시간의 흐름을 분명히 하기 위해서 시간은 과거에서 미래로 한결같이 흐르며, 우주의 어느 장소에서나 상관없이 똑같고 변하지 않는다는 '절대 시간'을 생각하였다. 또 이를 위해서 물질이 존재하거나 물체가 운동하는 바탕이 되는, 즉 가로, 세로, 높이의 세 방향으로 무한히 확대되어 있는 보편적 공간인 '절대 공간'의 개념을 생각하였다. 절대 시간과 절대 공간의 개념하에서 시간은 우주의 어디에서나 똑같으며 과거에서 미래로 한결같이 흐르고 있다고 생각한 것이다.

그러나 20세기에 들어와 뉴턴의 생각은 심각한 도전을 받게 된다. 아인슈타인(Albert Einstein)이 상대성 이론을 통하여 시간과 공간은 결코 절대적이지 않으며 관측자에 따라 달라질 수 있다는 것을 보여 준 것이다. 더욱이 시간과 공간은 서로 독립된 것이 아니며 관측자가 어떤 운동을 하느냐에 따라 서로 연동한다는 것을 밝혀냈다. 이렇게 하여 3차원의 공간과 1차원의 시간이 합쳐진 '4차원의 시공간'이라는 개념이 탄생하게 되었다.

최근에는 자연이 우리들에게 준 시간의 잣대 자체도 절대적으로 일정한 값을 가진 것이 아니라 46억 년의 지구 역사를 통해서 꾸준히 변해 왔다는 것을 알게 되었다. 결국 시간이 무엇인지를 알기 위한 노력은 더욱 난해해지고 말았다.

그렇지만 우리는 일상생활에서 뉴턴이 생각하였던 절대 공간과 절대 시간의 개념하에 탄생한 달력을 통하여 일, 월, 연의 흐름을, 그리고 시계를 통하여 하루보다도 더 짧은 시, 분, 초 단위의 시간의 흐름을 이해하고, 실제 그 시간을 활용하고 있다. 또한 오늘날에는 광속에 가까운 특별한 운동을 하는 물체에서나 그 효과가 분명히 드러나는 시간의 상대성까지도 활용하고 있다. 많은 곳에서 쓰이고 있는 위치 정보 시스템인 GPS가 바로 그것이다. 시간의 상대성은 GPS를 완성시키는 데매우 중요한 역할을 하고 있다.

우리는 이 책의 1부에서 우리에게 시간의 흐름을 관리할 수 있게 한 자연의 시간 잣대인 일, 월, 연 등에 기초한 달력이 우리 손에 들어오기까지의 과정을 살펴보려고 한다. 이어 2부에서는 사람이 시계를 발명하면서 시, 분, 초와 같이 하루보다도 더 짧은 단위의 시간을 관리해 올 수 있었던 자취를 살펴볼 것이다. 그리고 3부에서는 절대적으로 믿었던 시간의 상대성을 살펴보면서 시간이 우리에게 주는 의미를 찾는 여정을 마무리하려고 한다.

김경렬

1부 달력

...

자연이 우리에게
주는 시간 잣대

1.
사라진 10일:
인테르 그라비시마스

지금부터 약 430년 전인 1582년으로 돌아가 보자.

이 해는 콜럼버스가 신대륙을 발견한지 90여 년이 지난 해이다. 그리고 그 1년 후는 갈릴레이가 약관 18세의 나이로 진자의 등시성을 발견한 해이며, 이로부터 10년 후는 우리나라에서 임진왜란이 일어난 해이다. 바로 그해 2월 24일에 교황 그레고리우스 13세는 칙령 '인테르 그라비시마스 (Inter Gravissimas)'에 서명하며, 이 칙령을 통해 그레고리력이 탄생하였다.

인테르 그라비시마스는 교황 칙령의 첫 머리 문구이다. 이 칙령에는 "100년으로 나누어지는 해는 동시에 400년으로 나누어지지 않으면 윤년을 두지 않는다."라는 내용과 "요일은 끊임없이 그대로 이어지면서도 날짜는 10일을 없앤다."라는 내용이 포함되어 있었다. 이에 따라 1582년 10월 4일 목요일 다음 날이

SUNDAY	MONDAY	TUESDAY	WEDNESDAY	THURSDAY	FRIDAY	SATURDAY
	1	2	3	4	15	16
17	18	19	20	21	22	23
24	25	26	27	28	29	30
31						

| 1582년 교황 그레고리우스 13세(Gregorius XIII)의 칙령 인테르 그라비시마스에 의해 만들어진 이상한 모양의 1582년 10월 달력

10월 15일 금요일로 명명되었으며, 이 사이의 10일이 역사에서 사라졌다. 이렇게 해서 다사다난한 세상에서 정말로 아무 일도 일어나지 않았던 10일이 탄생한 것이다.

생활의 필수품인 달력

— 오늘날 달력은 우리 생활에서 빼놓을 수 없는 필수 도구이다. 그렇다면 왜 사람들은 달력을 만들었을까? 미국의 생물학자 스티븐 제이 굴드(Stephen Jay Gould)는 그 이유를 다음과 같이 말하고 있다.

"자연 현상의 규칙성을 예측하기 위해서 사람들은 달력을 만들었다. 농촌에서는 파종에 적합한 시기를 알기 위해서 양력(태양력)이 필요하였고, 어촌에서는 조석의 시간을 알기 위해서 음력(태음력)이 필요하였다."

그런데 양력과 음력을 구분지은 것은 "양력과 음력을 이해하기 쉽게 조화시킬 수 있는 체계를 세우는 것은 불가능하다."라는 데에 있었다. 이 둘을 조화시켜 보려는 것은 인류의 오래된 도전이었다. 미국의 역사학자 부어스틴(Daniel Boorstin)은 이 도전을 아래와 같이 극명히 표현하였다.

"만약 달이 반복하면서 만들어 내는 한 달의 주기를 단지 몇 배 곱하는 것으로써 계절이 바뀌며 반복되는 1년을 계산할 수 있었다면 인류는 달력을 만드는 데 들였던 많은 고생을 줄일 수 있었으리라. 그렇지만 한편으로는 하늘을 공부하며 수학자가 되고 싶은 마음을 가진 사람들이 별로 나오지 않았으리라."

오늘날 우리들이 사용하는 달력은 도대체 어떤 과정을 거쳐 발전되어 온 것일까? 인류가 걸어왔던 도전 과정을 차근차근 살펴가면서 시간의 의미를 음미해 보자.

그레고리력

오늘날 세계의 많은 사람들이 공통으로 사용하는 달력을 '그레고리력'이라고 부르는 것은 바로 1582년 교황 그레고리우스 13세의 칙령에서 비롯된 달력이기 때문이다. 그레고리력의 구성을 보면 우선 '일'을 기본 단위로 하여 월, 화, 수, 목, 금, 토, 일의 7일을 한 묶음으로 하는 '주일'이 있고, 28일의 2월 외에 30일로 된 '달'이 4개, 31일로 된 '달'이 7개 있으며, 이러한 12개의 '달'로 이루어진 365일 1년의 '연' 단위가 있다. 그리고 매 4년마다 2월은 29일의 윤달을 두어 사람들은 평소보다 하루를 덤으로 더 즐길 수 있다.

| 달력을 개혁한 교황 그레고리우스 13세의 무덤 (자료: shutterstock)

매 '월'의 '일' 수가 매우 규칙적이지는 않지만, 일, 월, 연 등의 단위는 지구와 달, 태양이 주는 자연 주기를 따라가려는 모습이 보인다. 실제로 모든 달력은 이러한 천체의 운행을 관찰하면서 시작된 것이다.

자연이 제공해 주는 시간 잣대

─   하루가 걸리는 지구의 자전, 약 한 달이 걸리는 달의 지구 주위 공전, 그리고 약 1년이 걸리는 지구의 태양 주위 공전은 우리가 피부로 느낄 수 있는 자연계의 규칙적 순환이다. 그리고 이 세 가지 천체의 운행을 기준으로 삼아 모든 달력이 만들어졌다. 그런데 여기에 심각한 문제점

이 있었다. 그것은 바로 세 가지 천체의 운행 사이에 간단한 산술적 연계성이 존재하지 않는다는 것이다.

예를 들어 우리에게 익숙한 태양년, 즉 춘분에서 다음 춘분까지의 시간은 태양 주위로 지구가 공전하는 시간을 의미하며, 평균적으로 볼 때 지금은 365일 5시간 48분 45.96초(365.24129일)이다. 태음월, 즉 초승달에서 다시 초승달이 되는 데 걸리는 시간, 다시 말해 달과 태양이 일직선상에 놓였다가 다시 같은 위치로 되돌아오는 달의 공전 주기 역시 지구의 공전과 마찬가지로 복잡하다. 달의 공전 주기는 평균 29일 12시간 44분 3초(29.53059일)이지만, 그 값이 일정하지 않아 29일 6시간에서 29일 20시간에 이르기까지 다양하다.

일출과 일출, 일몰과 일몰 사이의 시간, 또 태양이 한 자오선을 남중한 후 다시 남중하는 데까지 걸리는 시간을 나타내는 하루의 길이 역시 일정하지 않다. 길이도 보통 23시간 59분 39초에서 24시간 30초까지 다양하다. 이 중 가장 근접한 평균값인 24시간을 하루로 정한 것이다.

이와 같이 태양년이나 태음월은 총 몇 일의 정수로 딱 떨어지지 않는다. 그런데 사람들이 달력을 사용할 수 있으려면 시간을 간단한 단위로 나누어야만 하였다. 즉 달력을 만들려던 모든 사회 집단은 태양을 기준으로 하든(태양력) 달을 기준으로 하든(태음력) 각각의 평균값을 사용하는 단순화 작업을 해야만 하였다. 그러다 보니 단순화된 달력을 실제의 천체 운행 주기에 맞추려는 '짜 맞추기 작업'을 꾸준히 진행할 수밖에 없었다.

| 우리들이 사용하는 달력의 기본적 시간자인 일, 월, 연의 틀을 제공해 주는 지구, 달, 태양

메톤 주기

—   달과 태양의 주기를 조화시켜 보려던 짜 맞추기 작업의 하나가 바로 오늘날까지 사용되고 있는 윤달이다.

1태양년은 365.24129일이며 1태음월은 29.53059일이다. 따라서 1태양년을 태음월로 하면 평균 12.3683달이 된다. 태양력을 태음력에 가깝게 맞추려면 1년 12개월의 해 사이에 1년 13개월의 해를 적당히 끼워 넣어야 한다. 그런데 신기하게도 19태양년과 235태음월을 각각 계산해 보면 거의 6,940일로 일치한다. 즉 19태양년과 235태음월이 거의 같은 날 수를 포함하는 것이다.

$$19태양년 = 235태음월 = 약 6,940일$$

따라서 19년 중 12년은 그대로 12개월의 1년을 유지하고, 나머지 7년 동안 1년에 1개월씩 윤달을 두어 1년 13개월의 해를 만들면(12×12 + 7×13 = 235) 해와 달의 위치가 19년마다 원래의 자리로 되돌아오게 된다. 기록에 의하면 바빌로니아에서는 7년이 어떻게 배열되어 있었는지 분명하지 않지만 기원전 500여 년경부터 이미 매 19년에 7개의 윤달을 삽입하는 제도가 일반적으로 시행되었다고 전해진다. 이러한 짜 맞추기에 애용된 근거가 바로 '메톤 주기'이다. 메톤 주기는 그 발견자로 추정되고 있는 기원전 5세기 후반의 그리스 천문학자 메톤(Meton)의 이름에서 따온 것인데, 바빌로니아에서는 메톤 이전에 이미 이런 방법이 시작된 것으로 보인다. 그레고리우스 13세의 칙령도 이러한 짜 맞추기 작업의 일환이었다.

그레고리력의 확장

—   그레고리력은 유럽의 가톨릭 국가에서는 별다른 문제없이 매우 빨리 자리를 잡기 시작하였다. 칙령을 내린 1582년에 이미 프랑스, 이탈리아, 스페인, 포르투갈은 12월 9일 일요일에서 바로 12월 20일 월요일로 넘어갔으

며, 폴란드에서도 1582년 12월 21일 다음 날이 1583년 1월 1일로 넘어갔다. 이어 몇 년 사이에 오스트리아, 폴란드, 헝가리, 신성로마제국 등 가톨릭 국가에 널리 퍼져 나갔다.

이에 반하여 종교개혁이 이루어진지 얼마 되지 않은 개신교 국가들은 이를 자연스럽게 받아들이지 않았다. 새 달력을 시간을 통제하려는 교황의 의지에서 나온 '교황주의적 대책'으로 간주하였기 때문이다. 더욱이 이 대책을 제시한 사람인 그레고리우스 13세가 가톨릭 개혁을 주도하였을 뿐만 아니라 칙령이 내려지기 10년 전인 1572년에 많은 신교도들을 죽음으로 몰아넣었던 바르톨롬메오 축일의 학살을 공개적으로 기뻐하였기 때문에 그에 대한 의구심을 버릴 수 없었다. 이로써 '옛날 형식'이라고 부르던 율리우스력과 '새 형식'이라고 부르던 그레고리력의 두 개의 달력이 공존하게 되었다.

두 달력의 공존은 사회적·경제적 단절을 야기하였으며, 이로 인한 문제는 점점 더 심각해졌다. 그러자 독일제국의회는 1699년 9월 27일에 마침내 새로운 달력의 도입에 동의하고 1700년 2월 18일 다음 날을 3월 1일로 하는 데 합의하였다.

영국은 새 달력을 늦게 채택한 나라 중의 하나였는데, 이것은 성공회 대주교가 채택을 반대하였기 때문이었다. 그러나 외국과의 공동 보조 필요성을 역설한 정치가이며 외교가인 체스터 필드 경(Chester Field)의 열성적인 노력으로 여론이 조성되어 1752년 신년이 4월 1일에서 1월 1일로 바뀌었고, 그해 9월 2일 다음 날이 9월 14일로 건너뛰면서 11일이 사라졌다(영국은 기존의 율리우스력의 규칙을 따라 1700년에 윤년을 가져 하루가 늘어났다).
이 때문에 영국에서는 "우리에게 11일을 돌려 달라."라고 외치는 수많은 시위가 일어나기도 하였다.

그리스 정교회는 개혁에 대해 더욱 완강한 의견을 가지고 있었다. 이 때문에 러시아는 1918년, 루마니아는 1919년, 그리스는 1924년 등 대부분의 그리스 정교회 국가들이 20세기 초반에 와서야 그레고리력을 채택하였다. 오늘날에도 일부 정교회에서는 그레고리력에 비해 13일이 늦은 율리우스력을 사용하고 있다. 아시아권에서는 일본이 처음으로 메이지 유신을 단행하면서 메이지 5년 12월 2일 다음 날을 1873년 1월 1일로 선포하여 메이지 5년 12월은 단 이틀밖에 없는 역사상 가장 짧은 달로 기록되었다. 우리나라는 대한제국 고종 재위 시 '음력' 1895년 9월 9일 다음 날을 1896년 1월 1일로 하면서 그레고리력을 공식적으로 채택하였다. 중국(청)도 국제 교역을 필요로 하던 당시 재계의 압력으로 1911년 12월 18일 다음 날을 1912년 1월 1일로 하는 그레고리력을 도입하였지만 일반인들은 그대로 옛 달력을 선호하였다. 중국에서 그레고리력의 사용이 최종적으로 공식화된 것은

| 오늘날 우리들이 사용하고 있는
그레고리력의 모체를 만든 카이사르

1949년 중화인민공화국 수립 이후이다.

이와 같이 그레고리력은 그 도입을 둘러싸고 많은 혼란을 거치면서 국제 통용 달력으로 자리매김을 하게 되었다. 그런데 왜 그레고리우스 13세는 이와 같은 이상한 달력 개혁을 시도한 것일까?

지금부터 430년 전 교황의 칙령으로 탄생되어 지금까지 사용되고 있는 그레고리력은 당시 '교회 달력'으로 채택하고 있었던 '율리우스력'을 개량한 것이다. 율리우스력은 기원전 46년 로마의 카이사르(Julius Caesar)에 의해 탄생한 달력이다. 따라서 달력 개혁의 배경을 이해하기 위해서는 로마의 달력을 이해하는 것이 필요하며, 이를 위해서는 기원전 8세기경 로마의 건국 시기로 거슬러 올라가야 한다. 이제 로마 시대로 돌아가 달력이 만들어지기까지 인류가 겪었던 여정을 살펴보자.

2.
율리우스력의
탄생

　기원전 48년 로마의 집정관이 된 카이사르는 로마 군대를 이끌고 이집트 알렉산드리아에 상륙하였다. 패주하던 정적 폼페이우스(Gnaeus Pompeius Magnus)를 추적하기 위해서였다. 이때 폼페이우스는 이미 자객에게 암살된 뒤였으나, 이집트는 BC 51년 여왕에 오른 클레오파트라 7세(Cleopatra Ⅶ)와 그의 어린 동생이자 남편이었던 프톨레마이오스 13세(Ptolemaeos ⅩⅢ) 사이에 벌어진 왕위 쟁탈전의 소용돌이 속에 있었다. 클레오파트라와 사랑에 빠진 카이사르는 프톨레마이오스 13세를 물리치고 그녀의 왕위를 다시 회복시켰다. 클레오파트라는 정복자 알렉산드로스 대왕 휘하의 장군 프톨레마이오스 1세가 기원전 323년 이집트에 세운 왕조의 마지막 여왕이었다.

　당시 카이사르는 이집트에 몇 달밖에 머물지 않고 다시 로마로 돌아왔는데 이때 아주 귀한 선물들을 가지고 왔으며 그 혜택은 오늘날까지 우리들에게 이어져 오고 있다. 카이사르는 이집트에 있는 동안 일찍이 프톨레마이오스 3세가 시도하려고 하였던 카노푸 법령, 즉 오늘날 우리들에게 익숙한 4년마다 하루씩 윤년을 끼워 넣는 윤달의 달력 체계를 알게 되었다. 이것은 엉터리 짜 맞추기로 망신창이가 되었던 당시 이집트의 달력을 개혁하기 위해 시도되었던 것이다.

그리고 이때 당대의 최고 천문학자인 알렉산드리아의 소시게

| 알렉산드로스 대왕이 파견한 프톨레마이오스 장군이 세운 왕조의 마지막 여왕 클레오파트라 7세. 프톨레마이오스 3세는 BC 246년 왕위에 오른 후 당시 망가질 대로 망가진 달력을 개혁하기 위하여 '카노푸 포고'를 내렸으나 이집트에서는 성공을 거두지 못하였다. 그러나 카이사르의 눈에 띄어 율리우스 달력 개혁의 기초가 되었다.
(자료: shutterstock)

네스(Sosigenes)가 그와 함께 로마에 왔는데, 카이사르는 소시게네스의 제언을 받아들여 기원전 46년 칙령으로 당시의 달력을 폐지하고 자신의 달력을 공식화하였다. 그런데 왜 카이사르는 달력 개혁을 시도할 수밖에 없었을까? 이를 이해하기 위해서는 몇 단계를 거쳐 발전되어 온 당시의 로마 달력을 살펴보아야 한다.

로마의 건국

—   호메로스(Homeros)가 쓴 서사시
'일리아드'와 '오디세이'에는 기원전 13세기 그리스군이 10여
년 이상 트로이와 벌였던 전쟁 이야기가 나온다.

   큰 진전을 볼 수 없었던 이 지루한 전쟁은 마침내 '트로이
목마'라는 세기의 전술을 통하여 막을 내리며, 이어 무자비한
살육이 자행된다. 이때 트로이의 영웅 아이네아스(Aeneas)가
사직을 지키기 위한 탈출에 성공하며, 후에 그의 아들이 지금
의 로마 자리에 알바 롱가라는 도시를 건설한다. 이후 13대 알
바(Alba) 왕이 죽고 두 아들 사이에 왕위 쟁탈전이 벌어지는데,
결국 아우 아물리우스(Amulius)가 왕위를 차지한다. 왕위에 오
른 아물리우스는 형이 후손을 잇지 못하도록 형의 딸 실비아
를 베스타 신전의 신녀로 삼아 결혼을 못하게 한다. 그러나 실
비아가 전쟁과 군대의 신 마르스의 사랑을 받아 임신을 하고
때가 차 쌍둥이 형제인 로물루스(Romulus)와 레무스(Lemus)를
낳게 된다. 아물리우스는 신하에게 자신의 조카들을 죽여 버리
라고 명령하지만 쌍둥이 형제를 불쌍하게 여긴 신하는 이들을
바구니에 담아 숲에 내다 버린다. 신들은 쌍둥이에게 암컷 늑
대를 보내 늑대의 젖을 먹고 자라게 한다. 이렇게 성장한 쌍둥
이 형제는 삼촌을 죽여 복수를 하고 늑대가 그들을 구원해 주
었던 바로 그곳에 새로운 도시를 건설한다. 그리고 새를 불러
모으는 시합을 하여 이기는 사람이 통치자가 되기로 약속한다.
결국 형 로물루스가 이겨 바티칸 언덕에 새 도시를 건설하고,

| 늑대의 젖을 먹고 있는 로물루스와 레무스(청동, 16세기, 로마 카피톨 박물관) (자료: shutterstock)

자신의 이름을 따 로마라고 불렀는데, 이렇게 해서 로마력 1년이 시작된 것이다.

물론 로물루스 때부터 햇수를 세어 나간 것은 아니었다. 로물루스가 로마를 건설하고 약 700년이 지난 기원전 43년에 바로(Marcus Terentius Varro)가 어떤 특정 시점을 기준으로 하여 햇수를 세어 나가는 것이 편리할 것이라고 생각하고 로마가 건설된 해를 로마력 1년으로 정한 것이다. 오늘날 우리가 예수 탄생을 기준으로 하는 AD를 사용하는 것과 동일한 개념이다.

초기의 로마 달력

— 옛 로마 달력의 모습은 오비디우드(Ovid)의 『파스티(Fasti)』와 플루타르코스(Plutarchos)의 『누마 폼필리우스(Numa Pompilius)』에서 살펴볼 수 있는데, 최초의 로마 달력을 만든 사람은 전설적인 로마의 시조 로물루스로 알려져 있다(당시의 달력 체계를 정리 통일하였다는 것이 더 정확한 표현일 것이다).

고대 로마의 달력은 오늘날 우리에게 익숙한 달력과는 꽤 달랐다. 춘분(낮이 다시 길어지는 날)에 새해가 시작되며, 1년은 10개월, 304일이었다. 농사가 중요한 생업이었던 로마인들은 한 해가 끝나면 다음 새해가 될 때까지 달력에 표시되어 있지 않은 60여 일 동안의 겨울 휴지기를 가졌던 것으로 보인다.

1년 10개월 중 처음 4개월에는 군신 마르스의 달 마르티우스(Martius), 미의 여신 비너스의 달 아프릴리스(Aprilis, 비너스의 그리스 명칭 아프로디테의 에트루리아 이름인 '아프뤼'에서 유래된 것으로 보인다), 성장의 여신 마이아의 달 마이우스(Maius), 그리고 빛과 혼인의 여신 주노를 기념하는 젊은이들의 달 유니우스(Junius)와 같이 하늘의 신들의 이름을 붙였다. 그러나 그 이후의 달에는 단순히 5부터의 숫자를 이용하여 퀸틸리스(Quintilis, 5월), 섹스틸리스(Sextilis, 6월), 셉템베르(September, 7월), 옥토베르(October, 8월), 노벰베르(November, 9월), 그리고 데켐베르(December, 10월)라고 이름을 붙였다. 퀸트, 섹스트, 세프트, 옥트, 노브, 데셈은 각각 5, 6, 7, 8, 9, 10을 나타내는 접두사이다.

이러한 모습은 숫자에 대한 감각이 대개 4에서 끝나던 고대의 전통에서 유래된 것으로 보인다. 실제 로마에서는 네 번째 아이까지는 이름을 지어 주었지만 다섯 번째 아이부터는 숫자를 사용해서 불렀다고 한다. 이러한 관습이 달력의 이름을 붙이는 데에도 반영된 것으로 보인다. 마르티우스, 마이우스, 퀸틸리스, 옥토베르의 네 달은 31일이었고 나머지 여섯 달은 30일이었다.

이후 10개월의 달력에 두 개의 달, 즉 태양의 움직임을 주관하였던 두 얼굴을 가진 시작의 신 야누스의 달(당시는 11월) 야누아리우스(Januarius)와 '정화하다.' 라는 의미의 'februare'에서 유래된 것으로 여겨지는 페브루아리스(Februaris)가 더해졌다. 그런데 이들이 언제, 어떤 순서로 더해졌는지에 대해서는 분명하지 않다. 플루타르코스는 기원전 700년경 로마의 두 번째 왕 누마 폼필리우스가 달력을 개혁하면서 야누아리우스와 페브루아리스를 추가한 일명 '누마 달력'을 만들었다고 전하고 있다.

페브루아리스가 도입된 초기에는 한 해의 마지막 달이 23일이었던 전통을 따라 페브루아리스의 날 수가 23일이었던 것으로 보인다. 그리

| 머리가 두 개 달린 신 야누스. 오늘날 우리들이 사용하는 1월(January)은 이 신의 이름에서 따온 것이다. (자료: shutterstock)

고 그 뒤에 주위에서 하던 습관을 따라 5일을 더 추가하였는데, 이 5일은 불길한 날로서 한 해의 정상적인 일부분으로 여기지 않았다고 전해진다. 이로써 1년 12개월 355일의 달력이 정착되어 갔다. 이 달력은 한 달의 길이가 28일, 29일, 30일, 31일 등으로 된 이상한 달력이었지만, 기본적으로 12개월 각 달의 시작을 달의 운행 주기와 일치시키려는 태음력($29.53 \times 12 = 354.4 \div 355$)의 모습을 갖추고 있었다.

매 달에는 초승달이 나타나는 초하루를 가리키는 '칼렌데, K', 달의 운행 주기의 4분의 1에 해당하는 날인 '논, NON(5일 또는 7일)', 그리고 보름달이 나타나는 '이두스, EIDUS(13일 또는 15일)'라는 특별한 세 날을 정하였으며, 이들을 이용하여 날짜를 세었다. '칼렌데'는 '부르다.'라는 의미를 가진 라틴어 '칼라레'에서 온 것으로 후에 '달력(Calendar)'의 어원이 되었다.

공화력

—   로마 사람들은 달력과 실제 태양의 운행을 일치시키기 위하여 이들 사이의 차이를 조정하려는 노력을 꾀한 것으로 보인다. 따라서 조정이 필요할 때는 언제나 전통적으로 한 해의 마지막 날이었던 '테르미누스 제전일'인 페브루아리스 23일 뒤에 이를 더하였다. 플루타르코스는 이미 누마 달력에서 22일(또는 23일)의 윤달을 삽입하기 시작하였다고 전한다. 이 윤달은 오늘날의 음력 윤달과는 달리 하나의 독

립된 달이 아니라 페브루아리스 중간에 삽입되었다. 즉 페브루아리스 23일 다음 날부터 22/23일의 윤달이 삽입되며, 이 기간이 지나고 나면 다시 2월 24일부터 28일까지의 나머지 5일이 계속되었다.

그러나 일부 사학자들은 기원전 6세기 말 공화정 시기에 달력 개혁이 추진되면서 태양의 움직임을 달력에 반영하는 태음태양력의 모습을 갖추기 시작하였다고 전한다. 대표적인 개혁의 하나가 기원전 450년경 10인 행정관 감독하에 이루어진 '데켐비리' 개혁 작업이다. 이로써 야누아리우스와 페브루아리우스의 순서가 각각 1년의 첫 번째와 두 번째 달로 자리를 잡았으며, 2년마다 페브루아리스 23일 뒤에 22/23일의 윤달을 번갈아 삽입하는 4년 주기의 규칙이 제정되었다. 그리고 대신관(pontifex, 나중에 교황 pontiff의 어원이 됨.)이 임명되어 달력을 관리하였다. 이러한 윤달 도입의 결정권은 대신관의 절대적 권한이며 비밀이었다.

대신관 중에는 새로운 임기가 더 빨리 시작되기를 원하는 관리들도 있었지만, 대부분의 관리들은 자신의 임기를 어떻게든 연장하기를 원하였다. 이 때문에 뇌물이 등장하게 되었으며, 대신관들은 자신들의 임기를 연장하기 위해 4년 주기의 윤달의 원칙을 무시하고 1년의 길이를 고무줄 주무르듯 늘였다 줄였다 하면서 달력이 망가지기 시작하였다. 이로 인해 윤달의 관리는 자연스럽게 정치적 논쟁의 핵심이 되었다.

공화국 말기인 기원전 46년에 이르러서는 이미 달력이 완전

히 엉망이 되었으며, 법적으로 정해진 한 해를 계절과 비교해
보았을 때 3개월이나 차이가 나 있었다. 따라서 기원전 46년
에 당시의 집정관이며 대신관으로서 정치와 종교 모두에서 권
력을 행사하던 카이사르는 시간 지표인 달력 개혁을 단행하지
않을 수 없었다. 카이사르는 기원전 63년 로마의 최고 대신관
으로 선출된 후 기원전 44년 암살되기 전까지 20년 동안 로마
의 권력과 특권을 누리면서 로마인들의 생활에 밀접히 관련되
어 있는 많은 개혁을 시행하였는데, 그중 하나가 바로 달력의
개혁이었다.

혼란의 해 BC 46년: 1년 445일

—   소시게네스는 달의 운행 주기에
신경을 쓰지 않고 태양의 회기년에 의한 1년 12개월 365 $\frac{1}{4}$ 일
의 달력을 건의하였다. 그리고 카이사르가 이를 받아들임으로
써 기원전 46년 칙령으로 당시의 달력을 폐지하고 기원전 45
년 11월 1일(Kalendae januaris)을 율리우스 달력의 기원으로 삼
았다.

카이사르의 달력 개혁은 크게 세 가지로 요약할 수 있다. 첫
째, '혼란의 해'로 알려진 BC 46년에 두 개의 윤달을 삽입하여
달력이 계절과 일치하도록 한 것이다. 이로써 이 해는 일 년이
거의 3개월이나 연장되어 445일이나 되는 역사상 가장 긴 해
가 되었다. 그러나 이 혼란의 해 이후 역법의 많은 문제들이

종결되었다. 소시게네스는 1년의 길이가 365 $\frac{1}{4}$ 일보다 11분 정도 짧은 것을 알고 있었지만, 좀 더 단순한 달력을 만들기 위해 근삿값을 채택한 것으로 여겨진다. 어쩌면 더 복잡한 역법이 있더라도 대신관들의 능력밖이라고 여겨졌거나 아니면 당장 큰 오차가 나지 않을 것이라고 판단하였을지도 모른다.

둘째, 2년마다 23일 뒤에 22/23일의 윤달을 추가하던 윤년 규칙을 폐기하고, 대신 평년 3년은 365일 그리고 네 번째 해는 윤년 366일로 하는 새로운 4년 주기의 윤년 제도를 도입하였다. 윤년의 2월에는 29일이 삽입되는 대신 24일이 두 번 있고, 이어 25, 26, 27, 28일로 이어졌다. '두 개의 6'이라는 뜻을 가진 '윤년(bissextilis)'이라는 단어는 항상 '며칠 전'이라는 방법으로 거꾸로 날짜를 세던 로마인들이 두 번 있게 된 2월 24일을 세던 셈법, 즉 3월 1일 6일 전(안테 디엠 Ⅵ 칼렌드스 마르티우스)의 6(Ⅵ)이 두 번 반복된 데서 유래된 것으로 여겨진다. 이것은 정화의 축제가 시작되던 2월 23일이 윤년에 상관없이 같은 날 (3월 1일 7일 전) 시작되도록 하기 위한 카이사르의 배려였다고 전해진다.

마지막으로, 이 달력은 종래에 비하여 열흘이나 늘어난 날수를 12개월 내에 적절히 재배치하여야 하였다. 이로써 2월은 28/29일의 달이 될 수밖에 없었고, 오늘날 우리들이 사용하는 30일, 31일 달의 구조가 확립되었다.

마지막 조율

새 달력의 날짜를 계산하고 정확성을 검사하는 일을 맡고 있던 대신관들은 소시게네스의 달력 개혁 내용을 잘 이해하지 못하였다. 그래서 3년에 한 번씩 윤년을 두었는데, 이 때문에 달력의 정확성이 다시 떨어지기 시작하였다. 기원전 8년에 이를 발견한 카이사르의 후계자 아우구스투스(Augustus) 황제는 이에 대한 교정을 명하여, 기원전 8년부터 8년 동안 윤년을 행하지 않고 이 오차를 제거함으로써 마침내 율리우스력이 자리를 잡게 되었다.

카이사르는 기원전 44년에 암살을 당하였는데 로마의 원로원은 그를 추모하여 그해 퀸틸리스를 카이사르의 이름을 따서 율리우스(오늘날 July)로 바꾸었다. 그 후 아우구스투스(오늘날 August)의 이름이 섹스틸리스를 대신하게 되었다. 이와 같이 당시에는 황제의 이름을 따서 달의 이름을 삼는 것이 하나의 명예처럼 생각되었다. 이후 황제 티베리우스에게 원로원이 이 명예를 제안하기도 하였으나 사양하였고, 이후 칼리굴라, 클라우디우스, 네로 등 여러 황제들이 스스로 이런 시도를 하였으나 카이사르와 아우구스투스를 제외하고 모두 실패하였다.

| 율리우스력을 최종적으로 정착시키며, 오늘날 우리들이 사용하는 달력의 8월에 그 이름을 남긴 아우구스투스 (자료: shutterstock)

율리우스력은 이때 고려하지 않았던 1년 11분경의 오차로 인하여 완벽한 것은 못 되었지만, 명확한 데다가 누구나 쉽게 사용할 수 있어 시민들의 생활 리듬을 간단하게 해 준 것은 틀림이 없다. 또한 미래의 활동을 예견하고 계획할 수 있게 해 주었다. 카이사르는 새로운 달력을 확정지은 후 대리석으로 파스티(fasti)라는 달력을 50여 개 제작하여 공공장소에 설치하고 시민들이 사용할 수 있게 하였다. 이로 인해 대신관들이 시간에 대해 행사하던 권력이 현저히 축소되었고 더 이상 달을 멋대로 추가할 수 없게 되었다. 그리고 이렇게 만들어진 태양력인 율리우스력은 1582년까지 사용되었다.

2% 부족한 율리우스력

— 율리우스력은 윤년을 도입하는 등 비교적 잘 정리된 달력이었음에도 불구하고, 앞에서 이야기하였듯이 한 해가 실제(365일 5시간 48분 45.96초)보다 11분 14초나 길게(365 $\frac{1}{4}$일) 간주된 근원적 오류를 내포하고 있었다. 문제는 바로 이 11분 14초가 1,500년 이상 누적되면서 3월 21일 있어야 될 봄의 시작을 알리는 춘분이 겨울 쪽으로 10일이나 앞당겨져 달력에는 3월 11일에 나타나게 된 것이다. 교황 그레고리우스 13세가 1582년에 칙령 '인테르 그라비시마스'를 통해 역사에서 10일을 없애버린 이유가 바로 여기에 있다. 이제 이 칙령의 내막을 자세히 살펴보자.

3.
그레고리력의 탄생:
부활절 정하기

"2013년 3월 31일 전 세계의 교회와 성당에서 부활절 기념 예배가 열렸다."

기독교와 천주교인들은 물론이고 대부분의 사람들이 당연하게 받아들였을 이 짧은 기사에는 달력의 역사와 관련된 매우 중요한 문제들이 함축되어 있다. 금년은 어떻게 해서 2013년일까? 금년은 부활절이 왜 3월 31일일까?

부활절은 보통 3월 22일에서 4월 26일 사이에 지켜지는데 금년 부활절이 3월 31일로 결정된 유래를 찾으려면 "부활절은 춘분이 지나고 첫 만월 후 첫 번째 맞는 일요일로 한다."라는 결정을 내린 325년 니케아 공의회로 거슬러 올라가야 한다. 그러나 당시는 춘분이 한 날짜로 통일되어 있지 않았다. 따라서 더 엄밀하게는 8세기에 춘분이 3월 21로 결정되면서 최종 채

| 1559년 브뤼헐(Pieter Bruegel)이 그린 '사육제와 사순절의 전쟁'. 2월 중하순 무렵부터 '기름진 화요일' 까지 진행되는 대중적 축제인 사육제를 대변하는 뚱뚱한 남자와 다음 날 인 '재의 수요일' 부터 시작하여 일요일을 뺀 부활절 전 40일(실제는 46일) 동안 지켜지 는 사순절을 대변하는 노파가 서로 맞서 있다. 사순절의 금욕 기간에 앞서 자유와 요구의 발산, 위반 등의 과도한 행위가 허용되었던 사육제 등은 이교도의 축제를 교회력으로 자 연스럽게 흡수한 대표적인 예이다. 유대교에서 유월절 두 번째 날에서 49일이 지나 맞는 축일인 오순절은 기독교에서는 성령 강림 주일로서 기독교 교회가 비로소 성립된 날이 다. 이렇게 종교적으로 중요한 여러 절기와 축제들이 부활절과 연계되어 있었다.

택되어 지금에 이르게 되었다.

춘분을 알기 위해서는 태양 주위를 공전하는 지구에 기초한 태양력에 대한 정확한 지식이 있어야 하며, 또 보름을 알기 위해서는 지구 주위를 도는 달의 공전에 기초한 태음력에 대해 잘 알아야 한다. 이에 더하여 율리우스력을 최종 정착시킨 아우구스투스가 달력에 인위적으로 삽입시켰던 7일의 주기를 다시 포함해야 한다. 따라서 부활절이 언제인가를 정하는 것은 정수로 서로 딱 떨어지지 않는 연, 월 그리고 7일의 순환 주기를 서로 짜 맞추어야 하는 정말로 힘든 작업이었다.

오늘날 현대인의 필수품이 되어 버린 컴퓨터의 어원은 '계산하다.'라는 뜻의 라틴어 '콤푸타레(computare)'에서 유래한 것이다. 그런데 옛 로마에서는 부활절을 계산해 내는 일을 '콤푸투스(computus)'라고 하였으며 이를 전문적으로 담당하는 성직자를 두고 있었다. 이는 사육제, 사순절, 오순절까지의 여러 교회의 축일들이 부활절에 묶여 있었기 때문이기도 하였지만 당시 이 일이 매우 중대한 일이었음을 반증하는 것이기도 하다.

| 겨울에 죽었다가 봄에 태어나는 식물신 아티스는 특히 로마에서 춘분의 축제에 드리는 신비로운 제사의 주인공이었다.
(ⓒMarie-Lan Nguyen/Wikimedia Commons)

부활절(Easter)과 부활절의(paschal)

— 초기 교회에서는 낮과 밤의 길이가 같아지는 춘분을 부활절(Easter)로 삼았다. 부활절을 뜻하는 독일어 '오스테른(Ostern)'은 춘분을 맞아 축제를 벌였던 땅과 봄의 신 '오스타라(Ostara)'에서 유래한 것이다. 로마에서도 겨울에 죽었다가 봄에 부활하는 식물신 아티스(Attis)에게 제사를 지냈다. 이에 카이사르는 3월 25일을 신과 자연이 겨울잠에서

깨어나는 날로 정하였다. 이때 탄생과 재생의 상징으로 달걀을 주고받는 풍습이 있었는데, 이 풍습은 후에 교회에 흡수되어 부활절의 전형적인 풍습으로 지금까지 남아 있다. 이와 같이 부활절은 자연스럽게 봄의 시작을 알리는 춘분과 연결되어 있었다.

그런데 부활절과 관련되어 'Easter' 이외에도 'paschal'이라는 단어가 있다. 'paschal'은 히브리어로 유월절을 뜻하는 'pesah'에서 파생된 형용사로 '부활절의'라는 의미 이외에 유대인들의 명절인 유월절(passover)의 형용사인 '유월절의'라는 의미도 있다. 예수의 부활을 기념하는 부활절과 기원전 13세기 유대인들이 이집트에서 탈출한 사건을 기념하는 유월절은 어원적으로는 상관이 없는 것처럼 보인다. 그러나 이 두 단어는 예수의 부활이 유월절 축제 다음의 일요일에 일어났다고 기록하고 있는 복음서로 서로 얽혀져 있다. 따라서 특히 기독교로 개종한 유대인들에게 부활절은 유대교의 유월절 축제와 긴밀히 관련되어 있었다.

유월절 축제에 관한 성경의 기록은 출애굽기 12장 1절에서 이렇게 시작된다. "여호와께서 애굽 땅에서 모세와 아론에게 일러 말씀하시되 이 달을 너희에게 달의 시작, 곧 해의 첫 달이 되게 하고……."

이 기록에 따라 유월절은 니산(Nissan)월(유대 달력의 1월, 태양력의 3~4월에 해당)의 초승달이 보이기 시작한 후 14일째에 시작되었다. 이렇게 유대의 음력 달력에 따라 계산되는 유월절로

| 이탈리아 르네상스 시대의 대표적인 화가 레오나르도 다 빈치(Leonardo da vinci)가 그린 '최후의 만찬'. 이 그림은 유대인들의 유월절과 연계되어 예수의 사망, 부활을 역사적으로 추적하는 데 중요한 역할을 하였다. 이 그림은 밀라노의 산타마리아 델레 그라치에 있는 수도원 식당에 그려져 있다.

인하여 이에 연계된 부활절은 매년 달의 모양에 따라 달라질 수밖에 없었던 것이다.

유대력에서 독립하자

—   기독교가 유대교로부터 자유로워지기 위해서는 부활절 날짜를 정할 수 있는 독자적인 방법을 개발하는 것이 급선무였다. 따라서 기독교인들은 유대력에 의존하지 않고 초봄에 오는 부활절의 정확한 날짜를 찾으려고 많은 노력을 기울였다. 그러나 이는 매우 어려운 일이었다.

예를 들면 춘분을 알아내기 위해 태양을 관측하였는데, 이것은 관측자의 지방시에 따라 달랐다. 알렉산드리아는 3월 21

일을 춘분으로 여겼으나 로마에서는 3월 25일을 춘분으로 보았다. 결국 이러한 여러 난제를 피하기 위해 궁리해 낸 방법은 직접적인 천문 관측을 피하고 여러 가지 주기를 이용하여 천체 현상을 예측하는 짜 맞추기 방법을 도입하는 것이었다.

실제의 삭망 주기에 최대로 근접할 수 있는 가상의 삭망 주기를 만들어 낼 수 있다면 이를 이용하여 초승달과 보름달의 날짜를 계산할 수 있게 된다. 춘분일의 경우도 마찬가지이다. 이렇게 가상의 춘분일과 가상의 보름을 계산할 수 있다면 전 세계 공통의 부활절 날짜를 산출할 수 있게 될 것이다. 물론 이 일은 가상 주기가 정확하다는 가정하에서만 가능한 일이라는 한계가 있었다.

325년의 니케아 공의회, 부활절 연대표

—   부활절을 정하는 데 있어서 유대교에서 개종한 신도나 소아시아의 다른 종교 출신의 개종자들은 니산달 14일을 중요시한 반면, 니산 14일 다음의 일요일을 부활절로 생각하였던 로마와 알렉산드리아의 기독교도들 사이에서는 해석의 차이가 있었다. 이들 사이의 부활절 논쟁은 기독교 내부에 많은 불화를 일으켰으며, 결국 이러한 상황에서 325년 니케아 공의회가 개최되었다.

니케아 공의회의 가장 중요한 결정 사항은 당시 많은 논쟁 대상이었던 예수의 신성을 부정하는 아리우스파를 이단으로

| 325년 열린 니케아 공의회. 삼위일체설의 확립이라는 중요한 결정 이외에도 '춘분 후 첫 만월 후의 첫 일요일'이라는 부활절 결정의 원칙이 마련되었다.

단죄하고 삼위일체설을 정립하여 분열된 교회를 통일시키고 로마제국의 안정을 이루게 한 것이다. 그러나 이에 못지않게 중요한 결정이 바로 부활절을 '춘분 뒤 첫 만월 후의 첫 일요일'로 정하는 하나의 통일된 원칙을 이루어 낸 것이다.

역사적으로 천문학의 중심지였던 알렉산드리아의 주교 아타나시우스(Athanasius)는 니케아 공의회 이후 328년부터 19년의 메톤 주기[1태양년(365.24129일)×19년=1태음월(29.53059일)×235달]를 토대로 하여 부활절 서신을 발행하기 시작하였다. 이로 인하여 로마와의 협력이 순조로워질 수 있었다. 그러나 시간이 흐르면서 로마와 부활절 날짜가 다른 경우가 생겨나기 시작하였으며, 이에는 로마인들이 메톤 주기를 계산할 줄 모른다는 문제도 포함되어 있었다.

이에 알렉산드리아인들은 여러 해를 하나의 표 안에 포괄하는 부활절 연대표를 작성하기로 하고, 테오필루스(Theophilus) 주교가 380년에서 479년까지를 아우르는 부활절 연대표를 황제 테오도시우스 1세(Theodosius Ⅰ)에게 보냈다. 이어 테오필루스 주교의 후임인 키릴로스(Kyrillos) 대주교는 437년에서 531년까지를 아우르는 부활절 연대표를 테오도시우스 2세에게 보냈다. 이로써 로마의 역법 계산가들은 두 연대표를 통하여 알렉산드리아의 날짜 계산법을 파악할 수 있었다.

그러나 이러한 연대표에도 불구하고 로마와 알렉산드리아 사이의 차이가 여전히 해결되지 않았다. 이에 교황 요한네스(Johannes) 1세는 스키티아의 대수도원장 디오니시우스 엑시구스(Dionysius Exiguus)에게 알렉산드리아에 더 이상 의존하지 않는 로마 고유의 연대표를 만들라는 임무를 부여하였다.

디오니시우스의 짜 맞추기

―   디오니시우스는 부활절 연대표 제작을 위하여 가장 먼저 연대를 배열할 수 있는 기준을 정하였다. 한글의 연대를 예로 들면, 한글을 제정한 훈민정음의 반포는 역사서에 세종 28년의 일로 기록되어 있다. 이와 같이 실제로 동서양을 막론하고 대부분의 역사는 일반적으로 당대의 지배자들이 각기 사용한 연호를 따라 기록되어 있다. 그런데 오늘날 우리들은 훈민정음의 반포가 1446년에 이루어졌다고 말한다. 이렇게 단절된 역사를 하나의 시간 잣대에서 배열하는 기준인 서기(서력기원)가 바로 6세기 디오니시우스의 노력으로 자리를 잡게 된 것이다.

물론 디오니시우스 이전에도 이미 연대의 기원을 세우려는 다양한 노력이 있었다. 대표적인 것이 BC 43년에 특정한 시점을 기준으로 햇수를 세어 가면 편리할 것이라고 생각하였던 로마의 역사가 바로가 정한 로마력이다. 그는 로마가 건설된 해를 로마력 제1년(1 a.u.c. ab urbe condita, '세계 도시(로마)를 건설한 때로부터')으로 하여 햇수를 세기 시작하였는데, 1 a.u.c.는 BC 753년에 해당한다.

처음 부활절 연대표를 만들었던 키릴로스는 매르티르(Martyr) 연호를 사용하고 있었다. 그런데 이 연호는 기독교를 박해한 대표적인 인물인 디오클레티아누스 황제(Diocletianus)의 통치 원년 284년을 출발점으로 삼는 로마의 셈법이었다. 따라서 디오니시우스가 이 연호를 전혀 적절하지 않은 것으로 생각하였음은 물론이다. 디오니시우스는 '예수의 탄생'을 새로이 하나의 전환점으로 하여 햇수를 정하기로 하였다.

이는 당시 알려져 있던 역사적 사실과 일치해야만 하였는데, 성서는 여기에 대해 몇 개 안 되는 부정확한 자료만을 제공할 뿐이었다. 문제는 탄생 연도와 탄생일을 찾는 것이 쉽지 않았다는 것이었다. 디오니시우스가 이 문제를 해결해 나간 방법조차도 명확히 전해지지 않고 있지만, 그가 사용한 것으로 보이는 짜 맞추기 방법에 대해 한 번 살펴보자.

마법의 수 532년

— 당시 알려져 있던 사실은 "예수는 약 500여 년 전에 죽었으며, 키릴로스 부활절 연대표에 따르면 예수는 3월 25일(일요일)에 부활하였다."라는 것이 전부였다. 디오니시우스는 연대표에서 약 500년 전에 3월 25일이 부활절이었던 해를 찾았다. 여기에 달 주기 19년과 태양 주기 28년을 곱한 532년의 마법의 수가 등장한다.

달 주기는 어떤 날의 달의 모양이 19년마다 그대로 반복되는 메톤 주기이다. 태양 주기는 다음과 같은 방법으로 구할 수 있다. 율리우스 달력에 따르면 평년에는 하루(365/7=52와 나머지 1) 그리고 윤년인 해는 이틀(366/7=52 나머지 2)이 늦어지며, 이렇게 4년이 지나면 5일이 늦어진다. 따라서 이를 7번 반복한 28년(4×7=28년)이 지나면 5×7=35일, 즉 5주가 늦어져 날짜와 요일이 다시 일치하게 되며, 이렇게 태양 주기 28년이 얻어진다. 달의 모양은 19년, 요일은 28년을 주기로 반복하므로 이 둘을 곱한 거대한 짝 맞추기 주기 532년이 탄생하게 된다. 즉 532년이 지나면 날짜의 요일과 달의 모양이 다시 일치하게 된다.

AD(anno domini)의 탄생

— 디오니시우스는 최초의 부활절, 즉 예수의 부활 이후 532년이 지나 3월 25일 다시 부활절이 반복

| 디오니시우스는 로마의 독립적인 부활절 연대표를 만드는 과정에서 오늘날 우리들이 사용하는 AD를 확립시켰다.

되는 해가 디오클레티아누스 279년에 해당함을 알아냈다. 여기에서 예수의 생애 31년을 빼면 디오클레티아누스 248년이 되며, 이로써 예수는 이 해로부터 532년 전에 탄생하였다는 거대한 짜 맞추기를 완성할 수 있었다. 즉 디오니시우스는 예수의 탄생을 로마력 753년 12월 25일로 추정한 것이다. 디오니시우스는 이렇게 추정한 예수의 탄생을 기점으로 삼아 다음 해를 AD(anno domini, 더 정확하게는 anno domini mostri Jesu Christi, 우리 주 예수 그리스도의 해) 1년으로 정하고 그의 시간 일람표의 출발점으로 삼았다.

이러한 짜 맞추기를 완성한 디오니시우스는 키릴로스가 만들었던 연대표가 끝나는 메르티르 247년 다음 해를 AD 532년으로 정의하고 이에 준하여 율리우스 달력에 기초한 부활절 연대표를 만들었다. 영국의 베데(Bede)는 731년에 완성한 자신의 저술을 통하여 BC(before Christ)라는 개념을 도입하며 AD의 대중화에 기여하였고, 9세기 샤를마뉴 시대가 되면서 AD가 문서에 많이 포함되기 시작하였다. AD는 약 1000년경부터 유럽 전역에서 사용되었으며, 1431년에 마침내 교황으로부터 공식 승인을 받았고, 오늘날까지 시간을 헤아리는 보편적인 기준이 되고 있다.

예수는 정말 AD 1년 전 해에 태어났을까?

— 디오니시우스의 계산법은 비록 수학적으로는 옳지만 그 사실에 대해서는 아직까지도 의심을 받고 있다. 그가 기초한 키릴로스 부활절 연대표의 부정확성 외에도 "예수가 3월 25일에 부활하였고, 31년을 살았다."라는 가설 자체가 틀렸을 수도 있다. 3월 25일에 예수가 부활하였다는 가설에도 당시의 미신이 스며들어 있다.

사람들은 이 시기, 즉 춘분 때에 세상이 창조되었다고 믿고 있었다. 그래서 그들은 이때에 새해를 시작하는 축제를 벌이곤 하였다. 중세의 세계관을 지배한 기독교 문화 속에 살고 있던 사람들에게 예수의 부활은 새로운 세상의 창조와 같은 것이었다. 따라서 그들은 예수의 부활은 당연히 이때에 있어야 한다고 믿고 있었던 것이다.

후대의 학자들은 역사적 사실에 근거하여 디오니시우스가 추정한 예수 탄생에 대개 4~7년의 오차가 있는 것으로 생각하고 있다. 이 오차는 서로 일치하면서도 약간의 모순을 보이는 성경의 기록으로부터 탄생 연대를 추정하려는 데서 자연스럽게 나타난 결과이다.

가장 중요한 역사 기록은 예수가 헤롯왕의 통치지에서 태어났다는 점이다(마태복음 2장 1절, 누가복음 1장 5절). 그런데 헤롯왕은 기원전 33년부터 기원전 4년까지 왕위에 있었다. 따라서 예수의 탄생은 기원전 4년 또는 그 이전이어야 한다.

특히 흥미로운 것은 여러 천문학자들이 마태복음 2장에 기

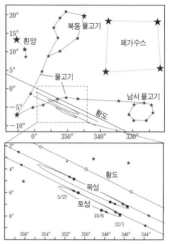

| 예수에게 경배하는 동방박사. 여러 천문학자들은 동방박사를 인도한 별이 무엇인지를 찾아 예수의 탄생 연대를 추정하였다.

| 케플러가 동방박사를 인도한 별이라고 생각하였던 BC 7년의 목성과 토성의 대상합을 보여 주는 그림. 그해 5월 27일, 10월 6일, 12월 1일 세 번에 걸쳐 대상합이 있었던 것으로 추정된다.

술된 동방박사를 베들레헴으로 인도한 별이 무엇이었는지를 근거로 하여 예수 탄생 시점의 문제를 풀려고 한 것이다. BC 4년에 있었던 핼리 혜성도 하나의 가능성이었으나, 가장 유명한 것은 17세기 독일의 천문학자 케플러(Johannes Kepler)의 설명이다. 그는 동방박사를 인도한 별이 목성과 토성이 864년마다 근접하여 밝게 빛나는 대상합 현상일 것이라고 해석하였다. 케플러는 이 근접점에서 1604년 초신성을 발견하는 행운을 얻었다(우리나라 이조실록에도 선조 37년에 객성이 출현하였다고 기술되어 있다.). 그는 예수의 탄생이라는 엄청난 사실을 알려 주는

데에는 이러한 희귀한 현상이 필요할 것이라고 생각하였으며, 천문학자들은 이 현상이 예수 탄생 즈음인 BC 7년 5월, 9월, 그리고 12월 세 번에 걸쳐 일어난 것으로 추정하고 있다.

0년이 없다

디오니시우스의 역법의 또 하나의 문제는 그가 새 기원으로 0년이 아닌 1년을 잡은 것이다. 따라서 우리의 서기에는 … BC 2년, BC 1년, AD 1년, AD 2년…의 역법이 사용되고 있다. 즉 0년이 없다. 왜 그럴까? 물론 디오니시우스의 잘못은 아니었으며, 그 이유는 매우 간단하다.

6세기 유럽에서는 아직 0이나 음수의 개념이 없었다. 0이라는 숫자의 개념이 인도에서부터 아랍을 거쳐 유럽에 전해진 것은 9세기에 이르러서였고, 이 개념이 일반화되는 데는 수백 년이라는 세월이 더 있어야 하였다.

0년이 없는 기원에서 유발된 재미있는 논쟁의 하나는 언제 세기가 시작하느냐 하는 것이었다. 18세기 초부터 반복된 논쟁은 바로 얼마 전 새 천 년 21세기가 시작되는 연도가 2000년인지 아니면 2001년인지를 두고도 있었다. 새 천 년을 세기 위해서는 일단 1000년이 지난 후가 되어야 하므로, 2001년 1월 1일부터라는 주장과 새 천 년은 역시 ×000년부터 시작되어야 하지 않느냐는 10진법에 익숙한 많은 사람들의 주장이 팽팽하게 맞섰던 것이다. 당시 우리나라는 김대중 대통령 재임 시절

| 새 천 년을 기념하여 미국 월트 디즈니에서 만들었던 불꽃놀이 (자료: Benjamin D. Esham / Wikimedia commons)

로, 이때 청와대에서는 '21세기 기산점 검토'라는 자료를 통해 새 천 년의 시작을 2000년으로 하는 것이 타당하다고 발표하는 일까지 있었다. 결국 대부분의 사람들은 2000년 1월 1일과 2001년 1월 1일 두 번에 걸쳐 새 천 년을 즐겼던 것으로 기억된다.

디오니시우스의 제안에 따라 시간은 예수의 탄생을 기점으로 하여 앞과 뒤가 정해지는 하나의 축 위에 정렬되었으며, 시간은 더 이상 순환, 반복되는 것이 아니라 직선적이며 돌이킬 수 없는 것이 되었다. 이렇게 일직선 화살표의 상징이 첨가된 단선적인 시간의 개념이 사람들의 머릿속에 박히기 시작함으로써 과거, 현재 그리고 미래를 구분 지을 수 있게 되었다. 사람들은 세대와 세대의 연결 속에서 자신의 위치를 정확하게 자리매김할 수 있게 된 것이다.

　디오니시우스의 짜 맞추기가 완벽하지 않으며, 여러 계산상의 착오를 가지고 있다는 것은 분명한 사실이다. 그러나 모든 사람들이 오랜 기간 동안 '주후(AD)'라는 명칭을 사용해 왔기 때문에 이런 문제점들에도 불구하고 후대의 사람들이 이 연대 시스템을 고치는 것은 불가능하였으며, 이 때문에 오늘날까지 일반화되어 사용하고 있다.

　한편에서는 단지 기독교적 의미를 부여하는 것에 거부감을 느끼는 사람들에 의해서 기독교의 의미를 포함하는 AD, BC 대신 CE(Common Era), BCE(Before Common Era)라는 용어를 쓰자는 논의가 일어나고 있다. 중국은 'common era'의 의미를 가진 '공위엔(公元)'이라는 표현을 우리나라의 서기와 같은 개념으로 사용하고 있다.

율리우스력의 고민

—　　　　　　　　　　　디오니시우스 덕분에 연대표에 관한 기준이 만들어지고 부활절 원칙에 근거하여 부활절을 정하는 문제가 기독교 내에서 서서히 정립되어 가기 시작하였다. 그런데 문제는 그의 부활절 연대표를 율리우스력에 맞추어 부활절을 정하는 과정에서 매년 발생하는 약 11분의 오차였다. 시간이 지남에 따라 이것이 누적되면서 봄의 시작을 알려 주는 춘분이 점점 겨울 쪽으로 이동하기 시작한 것이다. 이 때문

에 16세기에 이르러서는 3월 21일이 되어야 할 춘분이 달력상으로는 10일 정도나 앞당겨져 3월 11일 정도에 나타나게 되었다. 사회에서 사용되는 달력상의 한 해가 더 이상 태양년과 일치하지 않는 것을 누구나 느끼게 된 것이다.

당시 해마다 변동하는 부활절 날짜를 산정하던 대부분의 성직자들도 이를 알고 있었으나 거의 체념한 상태였다. 시간은 신으로부터 온 것이며, 달력도 신의 작품이라는 생각을 감히 바꿀 수 없었던 것이다. 베이컨(Francis Bacon) 같은 몇몇 학자들이 달력의 개혁을 주장하였지만 제대로 된 결실을 맺지 못하였다. 그러다가 이를 도저히 참을 수 없게 된 교황 그레고리우스 13세가 마침내 1528년에 달력에서 10일을 없애버리는 정말로 과감한 달력 개혁을 하게 된 것이다.

| 1576년 달력 개혁을 위해 모인 그레고리우스 13세와 수도회 구성원들의 회의 모습. 달력 개혁은 그레고리우스 13세의 주요 업적 중 하나이다.

4.
그레고리력이
싫어요

1789년 7월 바스티유 감옥의 화재를 상징으로 하여 시작된 프랑스 혁명은 프랑스라는 경계를 넘어 많은 족적을 남겼다. 오늘날 우리들이 사용하는 10진법 기준의 도량형도 혁명 정부가 이루어 낸 훌륭한 업적의 하나이다.

그렇지만 많은 사람들은 1794년 일어난 아까운 한 과학자의 죽음에 애석함을 가지고 있다. 실제 그랬는지는 확실하지 않지만 화학 실험을 계속하기 위해 목숨만은 살려달라는 청원에 대

| 흔히 프랑스 혁명의 상징으로 간주되는 1789년 7월 14일의 바스티유 감옥의 불타는 모습

| 근대 화학의 아버지로 불리는 라부아지에. 프랑스 혁명의 와중에 단두대에서 처형당하였다.

해 "공화국은 과학자나 화학자를 필요로 하지 않는다. 혁명의 과정은 지연될 수 없다."라는 판사의 매서운 일갈과 함께 지체없이 단두대 처형이 집행된 라부아지에(Antonie Lavoisier)의 죽음이 바로 그것이다. "이 머리를 베어 버리는 것은 일순간으로 족하지만 프랑스에서 이와 같은 두뇌를 만들려면 100년이 넘게 걸릴 것이다."라고 애석해 한 수학자 라그랑주(Joseph louis Lagrange)의 탄식은 혁명이 남긴 안타까움의 흔적을 잘 대변해 주고 있다. 이러한 프랑스 혁명 정부가 도저히 그대로 볼 수 없었던 것 중의 하나가 바로 종교적 냄새가 듬뿍 나는 그레고리력이었다.

프랑스 혁명 달력

1792년 추분인 9월 22일에 공화국을 선포한 프랑스 혁명 정부는 공포 정치가 한창 진행 중이던 1793년 10월 5일을 기해, 첫째 구체제와의 단절, 둘째 새로운 사회에 적합한 삶과 축제의 틀 제공, 셋째 시간 측정의 합리적인 체계 마련이라는 세 가지 목표하에 혁명 달력을 공포하였다.

이 새 달력은 모든 체계가 10진법에 기초하는 가히 혁명적인 것이었다. 열두 달의 각 한 달은 30일이었으며, 1년의 나머지 5일은 13번째 달 에파고네메(Epagoneme)라고 하여 신들에게 드리는 제사와 축제의 날로 삼았는데, 이 기간은 4년마다 하루가 더 추가되었다. 한 달의 30일은 10일을

| 프랑스 달력 개혁에 따라 10진법으로 만들어진 시간 단위를 보여 주는 시계. 오전 오후 10시간, 그리고 1시간 100분의 눈금이 그려져 있다.

주기로 하는 세 단위로 나뉘어졌으며, 10일째인 데카드가 일요일을 대체하였다. 새 달력은 시간을 탈종교화하려는 의지를 강력히 담고 있었기 때문에 7일 단위의 일요일을 없애는 것도 중요한 과제였던 것이다.

새 달력의 각 월에는 시적이고 서사적인 이름이 붙여졌다. 가을에 해당하는 달에는 포도 수확의 달(방데미에르), 안개의 달(브뤼메르), 서리의 달(프리메르)이라는 이름이 붙여졌고 겨울에 해당하는 달은 눈의 달(니보즈), 비의 달(플뤼비오즈), 바람의 달(방토즈)이라는 이름이 붙여졌다. 봄에는 싹의 달(제르미날), 꽃의 달(플로레알), 초원의 달(프레리알)이 있었으며, 여름에는 추수의 달(메시도르), 더위의 달(테르미도르), 열매의 달(프뤽티도르)이 있었다. 그리고 각각의 날에는 '튤립의 날', '카밀레의 날',

'쟁기의 날' 등 식물이나 동물, 또는 농기구의 이름을 붙였다. 12월 25일은 '개의 날'이었다.

아울러 바스티유 기념일, 왕정 몰락일, 공화국 선포일 등 중간중간에 적절한 혁명 축제를 넣어 한 해에 리듬을 부여하였다. 또한 하루는 더 이상 24시간이 아니었다. 자정부터 정오까지를 10시간으로 하였으며, 매 시간은 60분이 아니라 100분으로, 그리고 매 분은 100초로 하였다. 아울러 AD가 폐지되었으며 혁명 봉기일(1792년 9월 22일)로부터 세어 나가는 '공화력'이 시작되었다.

문제는 이러한 혁명 달력이 일상생활에 제대로 자리를 잡지 못한 것이었다. 데카드가 일요일을 대신하는 데 많은 어려

| 다비드(Jacques Louis David)의 작품으로 1804년 12월 2일 파리 노트르담 사원에서 거행된 황제 나폴레옹 1세와 황후 조제핀의 대관식 모습이다. 나폴레옹은 즉위 후 지나치게 비합리적이고 국수적이라는 이유로 혁명 달력을 공식적으로 폐지시켰다.

| 이미지를 통하여 혁명 달력을 대중들이 편하게 받아들일 수 있도록 하였다(보리의 달, 메시도르와 싹의 달).

움이 있었으며, 농부들은 예로부터 즐겨오던 전통 축제들이 사라지는 것을 별로 원하지 않았다. 새 달력은 점점 사회에 이질적인 존재로 취급되다가 마침내 공화력 8년에 혁명 축제 가 폐기되었다. 이후 나폴레옹이 가톨릭 교회와 혁명 간의 분 쟁을 조정하려는 협약에 서명하면서 공화력 10년에는 일요일 이 다시 공휴일이 되었다. 결국 혁명 달력은 나폴레옹의 대관 식이 있은 후 공화력 13년 열매의 달 15일(1805년 9월 9일)에 공 식적으로 폐지되었고, 1806년 1월 1일부터는 그레고리력이 다시 채택되었다. 지나치게 비합리적이고 국수적이라는 것이 그 이유였다.

일주일을 파괴하자: 소비에트의 반항

            20세기 들어 소비에트에서 그레고리력에 대한 또 하나의 반기가 일어났다. 레닌(Vladimir Ilich Ulyanov Lenin)은 1917년 볼셰비키 혁명 후 서방 세계와의 조화를 위하여 즉시 율리우스력을 폐지하고 그레고리력을 채택하였다. 그러나 1929년에 소비에트에서는 과격한 달력 개혁이 시행되었다. 1년을 30일씩으로 된 12개월로 하였으며, 이에 더하여 5~6일이 국경일로 연중 곳곳에 추가되었다.

한 달이 6개의 '5일 1주(네프레루브카)'로 구성되면서 '7일 1주' 제도의 토요일, 일요일이 사라졌고, 공업 및 행정 분야에서 일하는 사람들은 5일 중 4일을 번갈아가며 근무하는 다섯 그룹으로 나뉘어졌다. 끊임없는 생산력 강화라는 목적에서 만들어진 이 달력은 실제로는 쉬는 날이 전보다 더 많았다. 그러나 가족들이 함께 쉬는 것이 아니었으므로 가정생활과 사회생활을 파괴하는 결과를 낳아 결국 2년 뒤인 1931년에 폐지되었다.

그리고 다시 모든 사람이 함께 5일을 일하고 하루를 쉬는 것으로 바꾼 '6일 1주(체스티브네스티)' 제도가 시도되었다. 그러나 일요일이 여전히 없어진 데다가 6일 주기로 생활하는 도시민들에 반해 농부들은 7일 1주의 리듬을 계속 유지하였으며, 시장이 7일마다 열리는 등 사회가 양분되는 일이 일어났다. 결국 1940년에 이르러 이 제도 역시 폐지되었고, 소비에트 정부는 '7일 1주' 제도를 다시 채택할 수밖에 없었다. '7일 1주'

제도가 얼마나 많은 사람들의 생활 속에 뿌리 깊게 자리 잡고 있으며, 그 전통이 얼마나 깨지기 힘든지를 잘 보여 준 역사의 한 예이다. 그런데 주일이라는 인위적 주기는 어떻게 달력에 연계되기 시작한 것일까?

사람이 만들어 낸 주기: 주

— 오늘날 우리가 보는 달력에는 월, 화, 수, 목, 금, 토, 일요일의 7일 단위의 주기가 반복되면서 또 하나의 독자적인 자리를 차지하고 있는 주(週) 단위가 있다. 일, 월, 연 등과 같이 자연이 제공하는 천체의 규칙적인 운동과는 전혀 관련이 없는 7일 단위의 주는 어떻게 달력에 들어오게 된 것일까?

기록을 보면 이집트나 그리스 사람들은 10일 단위로 날짜를 계산하였고, 옛 로마 달력에는 8일마다 열리는 장날이 표시되어 있었다. 그렇지만 우리는 바빌론과 유대교에서 유래한 7일 주기에 더욱 익숙해 있다.

원래 7일 주기는 7을 불길한 숫자로 여겨 매달 7, 14, 21, 28일에는 모든 금기를 지켜야 하였던 메소포타미아에서 시작되었다. 그리고 요일들은 바빌론의 천문학자들이 알고 있던 행성의 이름을 가지고 있었다. 즉 월요일은 달, 화요일은 화성, 수요일은 수성, 목요일은 목성, 금요일은 금성, 토요일은 토성, 그리고 일요일은 태양의 날이었다.

7일 주기에 생활 리듬을 맞추었던 최초의 민족은 히브리인들이었다. 7일 일주일은 하나님이 6일 만에 세상을 창조하고 7일째는 휴식을 취하였다고 전하는 창세기가 인정하는 주기였다. 히브리인들은 7일째 날인 안식일을 엄격하게 지키기 시작하였다. 특히 히브리인들은 바빌론 포로 시기에 더 이상 성전에서 기도를 드릴 수 없게 되자 7일 중 하루를 하나님께 바치는 방식으로 시간을 통하여 공간적 상실감을 상쇄하고자 하였다.

　이러한 일주일이라는 시간 단위는 곧 소아시아, 그리스, 알렉산드리아, 로마로 퍼져 나갔으며, 인도에서는 5세기경에 이를 받아들였고, 9세기에 이르러서는 극동 지역에까지 전파되었다. 다른 일신교들도 유대교를 따라 일주일의 하루를 신에게 바치는 날로 정하였는데, 그리스도교는 일요일, 이슬람교는 금요일이 바로 이에 해당하는 날이었다. 이렇게 하여 7일 1주의 단위를 통하여 '휴식과 노동', '일반적인 날과 특별한 날'이 정기적으로 반복되는 새로운 리듬을 만들어 냈다. 이 리듬은 사회생활에 매우 유용한 것으로 판명되면서 오늘날 세계 곳곳에서 일반화되었고, 인류의 아주 뿌리 깊은 전통이 되었다. 이렇게 일, 월, 연과 주의 체계를 갖추고 우리 생활 깊숙이 들어와 있는 그레고리력이 만들어진 과정을 다시 한 번 정리해 보자.

율리우스 달력의 개혁이 필요하다!

—   8세기에 영국의 신학자 베다는 율리우스력의 문제를 제기하였고, 13세기에 이르러서는 베이컨이 새로운 달력 안을 제출하기도 하였다. 이후 1414년 콘스탄츠 종교 회의가 열리면서 부활절 문제를 해결해 보려고 하였으나 아무런 결론도 내지 못하고 문제 해결을 미루는 데에만 합의하였다.

교황 식스투스 4세(Sixtus IV) 때에 이르러서는 독일 주교 레기오몬타누스(Regiomontanus)가 1474년 발표한 정교한 달력을 발견하고 그를 찾았으나, 그는 이미 페스트로 세상을 떠난 상태였다.

1514년에 이르러 교황 레오 10세(Leo pp. X)는 제5차 라테란 공의회에서 달력 개혁에 관한 자문을 구할 것을 제안하였으나 별로 호응을 얻지 못하였다. 코페르니쿠스(Nicolaus Copernicus)도 종교 회의로부터 달력 개정 심의에 대한 자문을 요청받았으나 당시의 정설인 천동설이 오류가 있다는 것을 말할 수 없었던 그는 1년의 길이와 같이 달력을 수정하는 데 필요한 정확한 자료가 충분하지 않다는 구실로 자문을 피해 나갔다. 그리고 죽기 바로 직전인 1543년에 이르러서야 『천구의 회전에 관하여』라는 개론서를 출판하여 지동설에 대한 자신의 믿음을 발표하였다.

1545~1563년 열린 트리엔트 종교 회의 역시 아무런 결론을 내놓지 못하였다. 그러나 이때는 달력 개혁을 담당할 위원회가

| 교황 그레고리우스 13세의 지시에
따라 건축된 바람의 탑

구성되었다. 위원으로는 독일 출신 예수회 신부 클라비우스(Christopher Clavius), 이탈리아 천문학자 단티(Egnatio Danti), 스페인 출신 역사가 시아코니우스(Petrus Ciaconius)와 시텔리(Citelli) 추기경 등이 선정되었다. 그리고 시텔리 추기경이 1572년에 그레고리우스 13세 교황으로 즉위하면서 다시 달력 개혁이 시작되었다.

이것은 1517년 루터가 시작한 종교 개혁으로 약화되었던 가톨릭 교회를 재건하려는 노력의 일환이기도 하였다. 교황 그레고리우스 13세는 1578~1580년에 걸쳐 '바람의 탑(Tower of Winds)'의 건축을 지시하였다. 단티는 달력 개혁의 필요성을 입증할 수 있는 구체적인 과학적 자료를 얻을 수 있도록 이 건물을 해시계로 설계하였으며, 이러한 노력은 마침내 1582년에 그레고리력의 탄생으로 이어지게 되었다.

그레고리력의 탄생
—

1580년 9월 달력 위원회는 교황에게 보내는 보고서에 서명하였는데, 보고서의 주요 내용은 이탈리아 칼라브리아 출신 의사 릴리우스(Aloysius Lilius)가 제안한 개혁안을 거의 그대로 채택한 것이었다.

1. 율리우스력과 달리 400년마다 달력에서 3일을 없앤다. (100년으로 나누어지는 해들은 400년으로 나누어지는 해만 윤년으로 한다.)
2. 당시까지 누적된 차이를 없애기 위해서 10일을 없앤다.
3. 요일은 끊임없이 그대로 이어진다.

물론 부활절이 '춘분 후 첫 만월 후의 첫 일요일'이라는 니케아 종교 회의의 결정은 유효하였다. 이를 승인한 그레고리우스 13세가 1582년 2월 24일 교황 칙서 '인테르 그라비시마스'를 발표하여 그레고리력이 탄생한 것이다.

그레고리력은 불완전한 과학적 연구 결과를 이용한 근삿값에 가까운 해결책이었지만 간단하고 효과적이라는 커다란 장점을 가지고 있었다. 즉 율리우스력을 약간 수정해서 얻은 해결책이었으며, 그레고리력의 한 해는 태양력에 비하여 약간 빠르지만 그 차이가 매년 겨우 26초밖에 되지 않았다. 현재까지도 약 3시간밖에 차이가 나지 않는다.

그렇다면 우리가 사용하는 그레고리력은 과연 합리적인 달력인가? 19세기 중반에 들어서면서부터 그레고리력의 모순과 불편한 점들이 자주 지적되기 시작하였다. 그레고리력에 두드러지게 나타나는 불편한 점들을 나열해 보자. 우선 한 해의 시작인 1월 1일이 계절 등과 전혀 관련이 없으며, 한 해를 나누는 달, 분기 등의 길이가 일정하지 않다. 또한 일주일의 날들이 해마다 달라 28년(7×4년) 만에야 똑같이 돌아오며, 이에 따라 부활절 같은 휴일(우리나라의 경우 구정, 추석 등)의 날짜가 해마다 달라 일과 휴식의 계획이 복잡해질 수밖에 없다. 또한 서력 기원에 0년이 없어 세기의 시작 등 혼동이 있는 것 등을 들 수 있다.

이상적인 달력을 위해서

— 19세기 중반에 들어서면서부터 그레고리력의 모순과 불편한 점을 개선한 이상적인 달력을 만들기 위한 노력들이 쏟아져 나왔다. 1834년에 이탈리아 성직자

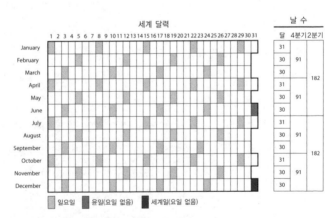

| 모양이 잘 갖추어진 세계 달력의 모습. 새해가 항상 1월 1일 일요일로 시작되며 모든 날의 요일이 일정하게 정해져 있다. 이런 모습을 갖추기 위해서 요일이 없는 윤일과 세계일이 포함되어 있는 것이 특징이다.

마스트로피니는 1년을 52주로 하고 하루를 요일이 없는 '공일(空日)'로 하자고 제안하였다. 이렇게 하면 연휴가 공식적으로 하루 생기며, 각 해의 모든 월일은 똑같은 요일로 고정된다.

1849년 콩트(Auguste Comte)는 이를 발전시켜서 한 달 4주일의 28일, 일 년 13개월의 달력을 만들었으나 결국 맹렬한 논쟁만을 일으키고 말았다. 종교계에서 7일 1주의 전통을 깨뜨리는 '요일이 없는 날'의 수용이 그리 만만치 않았던 것도 주요 원인이었다. 천문학자 플라마리옹(Camille Flammarion)이 주관한 콩쿠르에서는 일요일로 시작되는 91일(13주) 단위 네 개가 1년을 이루며, 각 단위는 30일이나 31일의 세 개의 달로 구분되는 1년 12개월의 달력이 채택되었다. 물론 여기도 하루 이틀 '공일'이 삽입되어야 함은 앞에서와 마찬가지이다. 그래도 이들 모두가 7일 1주의 제도를 그대로 간직하고 있었다는 것이 재미있는 일이다.

20세기 들어서도 여러 국제 단체들이 이러한 프로젝트의 개정판을 내기 위해 노력하였다. 1914년 국제연감연합(1922년에 국제고정달력연합으로 명칭이 바뀌었다.)은 미국 사업가들의 후원하에 콩트의 제안을 추진하였다. 1930년에는 플라마리옹의 만국 공통 달력을 지지하기 위하여 국제달력협회가 창립되기도 하였다. 국제연맹에서도 1922년 달력 개정 위원회를 만들었는데, 수많은 제안에 대해 합의점을 찾지 못하고 1931년 무산되었다. 그리고 지금은 합리적인 달력을 만드는 것에 대한 당위성을 찾아내기가 거의 불가능해 보인다.

전산기의 영문 QWERTY 자판 이야기

—   완벽한 것이 아님에도 불구하고 더
합리적인 방안을 찾으려는 노력이 그다지 실효를 거두지 못한
예는 그레고리력뿐만이 아니다. 한글 자판은 비교적 근래에
만들어졌기 때문에 왼손은 자음, 오른손은 모음을 치는 합리
적인 자판의 모습을 가지고 있다. 그런데 영문 자판을 보면 매
우 자주 사용되는 'a'와 's'가 힘이 약한 왼손의 새끼 및 약지
손가락으로 치도록 배열되어 있다. 왜 이렇게 불편한 배열이
되었는지 불평을 해 본 사람이 있을까?

이 배열은 타자기가 개발되던 초기 기계식 타자기에서 의도
적으로 타자의 속도를 느리게 하기 위해서 만들어진 기판 배
열이었다. 기계식 타자기의 가장 큰 골칫거리는 타자를 담당

| 기계식 타자기. 타자수의 빠른 타
자 속도로 인하여 레버가 서로 엉
키어 있는 모습이 보인다. 이를 해
결하기 위한 방법의 하나로 타자
기판의 배열을 의도적으로 조금
불편하게 만들었는데, 이런
QWERTY 기판은 기계식 타자기
가 사라진 지금까지도 그대로 이
용되고 있다. (자료: shutterstock)

하던 숙련된 타자수들의 타자 속도가 너무 빨라 레버가 자주 엉키는 것이었다. 따라서 배열을 좀 더 어렵게 하여 타자수들의 타자 속도를 늦추고자 하였다. 만약 기판의 발전 과정에서 이러한 기계식 타자기를 거치지 않았다면 오늘날 더욱 효과적인 기판이 사용되었을 것이 분명하다. 실제로 후에 더 효과적으로 배열된 기판들이 제안되기도 하였지만 실용화에 성공을 거두지는 못하였다. 이와 같은 상황은 그레고리력과 거의 흡사하다. 이것은 일반에 익숙해진 관습을 효율성이라는 이름만으로 바꾸는 것이 결코 쉽지 않다는 것을 보여 주는 재미있는 예이다.

이렇게 우리들의 삶 속에 깊숙이 들어와 우리들의 시간 생활을 직선의 축 위에서 지배하고 있는 그레고리력의 최소 단위는 하루이다. 그런데 실제 우리들의 삶은 하루보다도 더 짧은 시간 단위 속에서 살고 있다. 운동 경기를 하는 선수들은 때로는 0.01초의 시간으로 울기도 하고 웃기도 한다. 이렇게 하루보다도 더 잘게 쪼개진 시간의 단위는 어떻게 우리 생활 속에 들어오게 된 것일까? 여기에는 시계의 발명이 연계되어 있다. 이제 시계의 발전을 통해서 우리 생활 속에 자리 잡게 된 시간의 개념을 살펴보자.

2부 시간

...

더 쪼개진 하루

1.
표준시 이야기

오늘날 지구 상의 거의 모든 사람들의 생활을 지배하고 있는 또 하나의 시간 개념은 바로 '표준시'이다. 통일된 시간대인 표준시가 없다면 국제화된 시대 속에서 과연 정상적인 생활을 영위할 수 있을까? 이런 질문을 하다 보면 '시간'이라는 개념이 우리 생활에 얼마나 중요하며, 우리가 이에 얼마나 깊이 매달려 있는지를 깨닫게 된다.

덤으로 받는 1초
—
2012년 한국표준과학연구원은 한국 표준시로 2012년 7월 1일 오전 9시(그리니치 표준시로 7월 1일 오전 0시)를 기해 1초 더하기(윤초)를 실시한다고 밝혔다. 그리니치 시간으로 '2012년 6월 30일 23시 59분 59초'와 '2012년 7월 1일 0시 0분 0초' 사이에 '23시 59분 60초'를 삽입한 것이다. 즉 2012년 6월 30일 밤 11시 59분 59초에 전 세계의 모든 사람들은 1초의 시간을 덤으로 받게 되었다.

그런데 눈 깜짝할 사이밖에 되지 않는 이 짧은 1초를 가지고 왜 전 세계 사람들이 이런 이상한 일을 해야 하는 것일까? 보통 사람들에게 1초는 그다지 중요하게 느껴지지 않을지도 모른다. 그러나 지금까지 이해된 우주의 모습을 보면 우주는 태초의 어느 순간 하나의 점(點)과 같은 상태에서 대폭발이 일어나면서 시작되었다. 그리고 빅뱅 후 1초가 되면서 급팽창을 거친 우주는 오늘날 우주 크기의 100억 분의 1 정도에 100억 도의 온도에 이르게 되며, 이때 이미 오늘날 우주를 이루는 모체가 되는 중성자와 양성자가 모두 만들어졌다. 즉 1초 사이에 그 후 138억 년 동안 진화해 온 우주의 운명을 결정할 물질이

| 0.01초의 차이로 승부를 다투는 육상 경기 선수들의 모습
(자료: shutterstock)

모두 만들어진 것이다.

　실제 오늘날 우리 생활 속에서도 1초는 엄청나게 중요한 시간이다. 통신, 항해, 항공관제 등에서의 1초의 오차는 매우 치명적이다. 예를 들면 공해 상에서 운전대 작동이 1초만 늦어지면 배의 방향이 400미터나 틀어진다. 육상 경기나 스피드 스케이팅에서는 몇백 분의 1초에 승부가 갈린다. 또 축구 선수가 센터링해 준 볼을 머리나 발에 맞히려면 0.01초 사이에 온몸을 던져야 한다. 전 세계가 1초의 약속을 지키는 충분한 이유가 있어 보인다.

국제 표준시

—　　　　　　　　　　　　오늘날 지구 상의 시간을 하나로 통일시켜 주는 국제 표준시가 태어난 것은 그리 오래된 일이 아니다. 19세기 후반까지도 대부분의 사람들에게 '정확'한 시간이라는 것은 대개 그 지방의 '남중시'를 기준으로 하는 태양시로 충분하였다. 그러나 산업혁명과 함께 증기기관이 발명되고 짧은 시간에 먼 거리를 주파할 수 있는 능력이 생기면서, 지역별로 일관성 있는 시간 체계를 마련하는 것이 중요한 문제로 등장하였다.

　1860년대 동서 횡단 철도를 만들기 시작하였던 미국과 캐나다의 철도 회사들은 1883년에 마침내 북아메리카를 다섯 개의 시간대로 구분하는 데 합의하였다. 이어 1884년 미국 의회는 세

| 지역에 따른 표준시 개념이 처음으로 도입되었던 미국과 캐나다의 표준 시간대 지도. 전역이 5개의 시간대로 구분되고 있음을 보여 준다.

계 여러 나라의 대표들을 워싱턴에 초청하여 국제적인 시간 기준의 혼란을 해결하기 위한 논의를 개최하였다. 당시 영국은 강력한 해군력을 보유하고 있었을 뿐만 아니라 천문대에서 얻은 관측 결과들을 항해에 활용하고 있었다. 이 때문에 프랑스에게는 매우 애석한 일이었지만 회의 참석자들은 영국 그리니치 천문대를 통과하는 남북선(경도선)을 본초자오선으로 하는 데 합의하였다. 그리고 여기에서 동쪽으로 15도 이동할 때마다 그리니치 표준 시간에 1시간을 더하고 반대로 서쪽으로 이동할 때마다 표준 시간에서 1시간씩을 빼기로 하였다. 또한 이렇게 동서 양쪽으로 뻗어 나간 12개씩의 시간대가 만나는 태평

| 표준 시간대 설정의 필요
성을 처음으로 제시해 준
대륙 간 횡단 열차

양 한가운데에 '날짜 변경선'이라는 제2의 경계선을 설정하였
다. 이로써 날짜 변경선을 넘어 동쪽으로 이동하는 사람은 하
루를 더 얻게 되고, 반대로 서쪽으로 이동하는 사람은 하루를
잃게 되는 것이다.

지구가 준 시간 잣대들, 크로노미터

—   해가 떴다 지고 달이 찼다 기울며
계절이 바뀌면서 자연이 자연스럽게 제공하는 '자연의 주기',
즉 지구가 달 그리고 태양과 함께 어울리면서 만들어 내는 주
기 속에서 우리들은 시간의 흐름을 느끼고 있다. 오늘날 전 세
계 사람들이 함께 사용하고 있는 시간, 즉 '세계협정시(UTC,
Universal Time Coordinated)'는 바로 이러한 자연의 주기인 '천문
시'에 기초해서 시작된 것이다. 이러한 자연의 시간 잣대들을
다시 한 번 정리해 보자.

태양: 첫 번째 시간 잣대

— 태양과 하늘의 신들이 지배하는 종
교적 배경과 함께 매년 반복되는 나일 강의 범람에 문명의 기
초를 두었던 고대 이집트인들은 매우 뛰어난 천문학자들이었
다. 이들은 태양의 반복되는 운동과 이들이 지구에 미치는 영
향을 조심스럽게 살피면서, 해마다 나일 강의 범람이 시작되는
날을 계산하는 중에 365일마다 반복되는 1년의 주기를 발견하
였다. 이 값은 후에 시리우스 별을 관측하면서 더욱 정밀해졌
다. 이집트인들은 매년 어느 한 날이면 시리우스가 태양과 일
직선을 이루며 떠오르는 것을 알게 되었다. 그리고 이 날을 특

| 천재 천문학자 히파르쿠스와
그를 기념해서 만든 우표

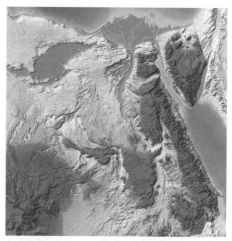

| 매년 범람이 일어나는 것을 통하여 1년의 길이를 알 수 있게
해 준 나일 강의 모습 (자료: shutterstock)

별히 살피는 가운데 시리우스가 떠오르는 시간이 매년 그 전해에 비해서 약 6시간씩 늦어지는 것을 발견하였다. 이로부터 이집트인들은 1년이 365.25일이라는 것을 알게 되었다.

이 값은 지금부터 약 2,200년 전 뛰어난 그리스 천문학자 히파르쿠스(Hipparchus)에 의해서 더욱 정밀한 값으로 수정되었다. 히파르쿠스는 지구의 공전 궤도에서 겨울에서 봄, 그리고 여름에서 가을로 바뀌는 춘분, 추분점의 위치를 관측하였다. 그리고 이 두 점이 작은 값이지만 150년에 2도 정도씩 서쪽으로 이동하는 것을 알아냈다. 육안 관측만으로 알아낸 이 놀라운 결과를 통하여 그는 지구의 공전 주기 1년의 길이가 당시 알려져 있던 365.25일보다 약간 짧다는 것을 깨달았다. 그의 추정치인 365.242일은 오늘날 받아들이고 있는 365.242199일과 놀랍게 일치하는 값이다.

그러나 이후 1,600여 년 동안 대표적으로 통용된 율리우스력은 히파르쿠스의 놀라운 발견을 무시하였다. 매우 작은 오차였지만 오랫동안 이를 무시한 것이 누적되어 16세기경에 이르러서는 당시 사용되는 달력과 계절의 변화를 통해 실제로 피부로 느끼는 자연의 주기 사이에 10일 정도의 차이가 나게 된 것이다. 결국 1582년에 교황 그레고리우스 13세는 극단의 조치를 포함하는 달력 개혁을 하게 되는데, 이에 대해서는 앞에서 자세히 살펴보았다.

달: 두 번째 시간 잣대

생활 속에서 사람들이 자연스럽게 느낄 수 있었던 두 번째 시간 잣대는 약 30일을 주기로 해서 끝없이 반복하면서 차고 또 기우는 달의 모습에서 찾을 수 있었다.

달이 제공하는 시간 잣대를 정확히 계산한 사람 역시 히파르쿠스였다. 그는 달의 공전 주기가 29.53058일임을 밝혔는데, 이것은 오늘날의 계산값 29.5 3059일과 매우 잘 일치한다. 그러나 달이 지구를 공전하면서 만들어 내

| 우리들에게 한 달이라는 시간 잣대를 알려 준 달의 변화 모습

는 시간 잣대가 태양일의 정수배로 정확히 떨어지지 않는다는 사실 때문에 후일 달의 운동에 기초한 달력(태음력)을 만드는 데 많은 어려움을 겪었다.

태양일: 자연의 기본 시간 잣대

'하루' 라는 시간 단위는 해가 지고 뜨는 모습을 매일 보면서 사람들이 가장 확실하게 느낄 수 있었던 지구의 시간 잣대였다. 시간의 기본 단위가 바로 이 '태

양일'로부터 시작된 것은 어쩌면 당연한 일인지도 모른다.

여기에서 자연스럽게 제기된 질문은 바로 "왜 이러한 시간 잣대가 만들어지는 것일까?" 하는 것이었다. 물론 옛 그리스 시대에도 태양일이 만들어지는 원인을 지구의 자전으로 설명하려는 시도가 있었다. 그러나 이후 종교계의 절대적인 지지를 받으며 오랫동안 받아들여 온 정설은 프톨레마이오스의 천동설에서 태양일의 원인을 찾는 것이었다. 코페르니쿠스가 지구의 자전으로 태양일을 설명하는 지동설을 자신의 죽음 마지막에 이른 1543년에 하나의 가설로 발표할 수밖에 없었던 것에서, 우리는 이 문제에 대해서 생사를 넘나드는 살벌하였던 당시의 상황을 엿볼 수 있다.

그런데 자연이 제공하는 주기를 시간 잣대로 이용하기 위해서는 주기가 변하지 않는 '일정한 값'이어야 한다는 것을 전제로 한다. 태양의 움직임을 조심스레 관측하던 천문학자들은 예로부터 태양의 운동에 이상한 점이 있다는 것을 감지하였다. 2세기 프톨레마이오스가 작성한 태양일의 표에도 이미 이러한 변화가 기록되어 있다. 이것은 17세기 중엽 하위헌스(Christiaan Huygens)가 발명한 진자 시계로 시간을 꽤 정확히 잴 수 있게 되면서 그 전모가 밝혀졌는데, 1년 중 4일을 제외한 모든 날 태양이 시계에 비해 심하게는 15분 정도 빠르거나 느리게 움직인다는 것이었다.

이 현상을 이해하는 실마리도 17세기에 이르러 나타나기 시작하였는데, 1609년 케플러는 '어떤 태양의 힘'에 의해서 행

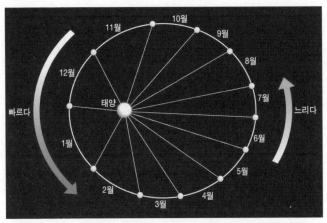

| '행성(지구)과 태양을 연결한 선은 일정 시간 동안 일정 면적을 쓸고 지나간다.'라는 케플러의 제1법칙(면적 속도 일정 법칙). 지구는 태양으로부터 멀어질수록(원일점) 더 천천히 공전 궤도를 선회하고 가장 가까웠을 때(근일점) 더 빨리 회전하면서 태양일의 계절적인 변화를 만들어 낸다.(이 그림에서는 지구 궤도의 이심율이 과장되어 있다.)

성의 궤도가 태양에 접근하였을 때에는 행성들의 속도가 빨라지며, 이로 인해서 태양일이 짧아진다는 이론을 제안하였다. 이것은 오늘날 '케플러 제1법칙'으로 알려져 있다. 한편 당시 아직 이름이 붙어 있지 않았던 '어떤 태양의 힘'에 '중력'이라는 이름을 붙인 것은 만유인력 법칙을 발견한 뉴턴이었다.

이로써 지구가 자연스럽게 제공하는 시간 잣대 '태양일'을 가지고 우리가 할 수 있는 최선의 방법은 결국 '평균 태양일'을 이용할 수밖에 없다는 것을 이해하게 된 것이다. 이 과정에서 천문학자들은 열심히 태양의 운동을 관측하여 최선의 '평균 태양일'을 계산하였다. 그리고 1875년 무게와 길이를 담당

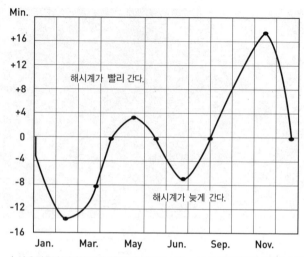

| 실제 하루의 길이와 평균 태양일을 비교한 그림. +로 표시된 부분은 해시계가 평균 시간보다 빨리 진행되고 있는 부분을 나타내며, -로 표시된 부분은 해시계가 더 늦게 가는 부분을 가리킨다. 따라서 실제 하루는 2월 중순에는 평균 하루(24시간)보다 15분 정도 길며 11월 초순에는 16분 이상 짧다.

하는 사무국(General Conference of Weights and Measures)은 평균 태양일의 86,400(24×60×60)분의 1인 평균 태양초를 시간의 단위로 결정하였다. 그러다가 태양일이 일정하지 않다는 문제 때문에 1956년에 새로이 1초를 태양년의 31556925.9747분의 1로 정의하게 되었다. 이것은 1900년을 기준으로 한 값이다.

원자시의 탄생
—
이 과정에서 국제지구자전국은

1967년 제13차 총회에서 지구의 운동이 아니라 세슘(Cs) 원자의 운동에 기초한 '원자시(TAI, Atomic Time)'를 새로이 탄생시켰다. 이로써 1년은 더 이상 365.242199일이 아니라 세슘 시계가 290,091,200억 +/- 1번 진동하는 길이가 된 것이다. 그리고 마침내 1972년 1월 1일 0시를 기점으로 하여 태양의 운동에 기초한 천문시인 평균 태양일 시간 단위를 포기하고, 천체의 운동과는 전혀 무관한 시간 잣대인 원자시를 새로운 '세계협정시'의 기준으로 채택하였다. 한편 국제지구자전국은 각국 천문대의 관측 자료를 종합 분석하여 지구의 자전 주기를 계산하고, 이에 기초한 '세계시'를 결정하는 임무를 맡고 있다.

그런데 국제지구자전국이 당면하고 있는 문제는 바람, 해류, 조류 등의 영향으로 지구의 자전 속도가 점점 느려지며, 이에 따라 시간이 경과하면서 세계협정시와 세계시 사이의 차이가 커지는 데 있다. 따라서 이 두 시간의 차이가 0.9초 이상이 되면 세계협정시에 물리적으로 1초를 더해 주어서 이를 다시 세계시와 0.9초 이내로 맞추는 작업을 한다. 이렇게 해서 1972년 윤초(Leap second) 제도가 만들어졌으며, 총 25회의 윤초가 도입되었다.

시간은 기본적으로 지구, 태양, 달, 별과 같은 천체 또는 물질의 물리적 성질 등 자연이 제공하는 다양한 주기를 시간 잣대로 이용하여 발전해 왔다. 그리고 어떤 주기를 시간 기준으로 사용하는가는 시대에 따라 변화, 발전하여 왔으며, 시간에 대한 개념 역시 오랜 시간 동안 많은 역사를 거치면서 오늘날까지 내려왔다. 그런데 이 시간의 기준이 천문시에서 원자시로 바뀌면서 마침내 시간은 지구가 주는 시간 잣대로부터의 결별을 선언한 것이다. 물론 이러한 변화는 기본적으로 시간을 측정할 수 있는 기술, 즉 시계의 발전과 밀접한 관련을 지으면서 형성되어 온 것이다. 이제 이러한 시계의 발전 과정을 살피면서 어떻게 시간의 개념이 우리 생활 속에 파고 들어왔는지 알아보자.

2.
시계의 발전

시간을 아껴야 한다는 조언을 주는 글 가운데 중국 송나라의 대유학자로 성리학을 집대성한 주자(朱子)의 『주문공문집(朱文公文集)』에 나오는 '권학문(勸學文)'이 있다.

소년이노학난성(少年易老學難成)
일촌광음불가경(一寸光陰不可輕)
미각지당춘초몽(未覺池塘春草夢)
계전오엽이추성(階前梧葉已秋聲)

소년은 늙기 쉽고 학문은 이루기 어려우니
잠시라도 시간을 가볍게 여기지 말라.
연못가의 봄풀은 아직 꿈을 깨지도 못하였는데,
댓돌 앞의 오동잎은 이미 가을소리를 전하는구나!

이 시에서는 시간을 '광음(光陰)', 즉 '햇빛의 그림자'라고 부르고 있는데, 바로 자연이 준 시간 잣대인 하루를 인류가 더 쪼개어 사용할 수 있는 능력을 가지게 되면서 자연스럽게 생활 속으로 들어온 시간의 개념이다. 해시계의 발전이 바로 그것이다.

자연이 제공한 최초의 시계: 해시계

— 　　　　　　　　　주간으로 활동이 제한되어 있었던 시절에 낮의 길이를 좀 더 등분하기 위해 시간재기를 하였는데, 이것은 평평한 땅에 꽂아 놓은 막대, 즉 노몬(gnomon)이 만들어 내는 그림자의 길이나 방향을 측정하면서 시작되었다.

최초의 해시계는 아마 막대기 주위에 몇 개의 돌멩이를 박아 놓는 정도였을 것으로 짐작된다. 이미 기원전 1500년경에 해시계를 사용한 것으로 보이는 이집트 사람들은 기원전 10세기경에 T자 형 막대기를 만들어 이를 오전에는 동쪽, 오후에는 서쪽을 향하게 하면서 그림자가 지는 막대기에 그림문자로 5시간의 이름을 적어 놓았다. 흥미로운 것은 당시 낮의 길이를 일정하게 나누었기 때문에 여름의 한 시간은 겨울의 한 시간에 비하여 길 수밖에 없었다.

노몬을 이리저리 관찰하여 그림자가 보여 주는 규칙적인 각도 변화를 살피면서 시작된 해시계는 사람들의 필요에 따라 다양한 형태로 발전해 왔다. 북유럽의 농부들은 자신들이 신고 다니는 나막신 바닥에 해시계를 조각해 넣고 다니다가 필

| 일찍부터 천문 관측에 많은 공을 들였던 중국의 북경 자금성에 설치되어 있는 해시계. 해시계의 바늘인 노몬이 북쪽을 가리키고 있으며 각은 이곳의 위도에 해당하는 각도만큼 기울어져 있다.

요할 때 시간을 알아냈고, 중세에 이르러서는 막대 하나를 손에 비스듬히 끼워 넣어 시간을 알아내는 손시계가 고안되기도 하였다. 또 교회나 건물의 벽에 남쪽을 마주하도록 노몬을 고정시켜 놓고 그 그림자가 현대적인 시계바늘과 같이 움직이면서 시간을 알려 주었다.

물론 해시계들은 지방의 위도에 따라서 특별히 제작해야만 하였다. 위도가 높아지면서 태양의 고도가 낮아지고 그림자의 길이가 길어지기 때문이다. 그러나 이 사실이 모든 이들에게 잘 알려져 있었던 것 같지는 않다. 기원전 263년에 시실리 칸타니아(37°30′ N)에서 로마(41°54′ N)로 옮겨진 해시계는 거의

100년 동안 로마인들에게 잘못된 시간을 알려 주었다.

앙부일구: 우리나라의 해시계

―   우리나라도 특별한 모양의 해시계
를 만든 것으로 알려져 있다. 우리나라 보물 8845호로 지정되
어 있는 조선 시대 세종 16년에 제작된 해시계 앙부일구(仰釜日
晷)가 바로 그것이다. 앙부일구라는 이름은 말 그대로 솥단지
같이 오목하고 하늘을 우러르고 있다고 해서 붙여진 이름이
다. 이 해시계의 오목한 부분에는 시각을 가리키는 7줄의 세로
선과 절기를 가리키는 13줄의 가로선이 있다. 길이가 원지름

| 우리나라가 자랑하는 해시계 앙부일구 (자료: Wikimedia commons)

의 반인 영침의 그림자 끝이 항상 오목한 면을 따라가면서 세로는 시각을, 가로는 절기를 알 수 있게 설계되어 우리 조상의 슬기와 지혜를 엿볼 수 있다.

별시계: 천문 관측의 아스트롤라베

— 밤이 되면, 별이 낮의 해의 역할을 대신해 주었다. 별을 찾는 천문 관측 기구였던 아스트롤라베 (astrolabe)는 해나 별의 고도를 측정하고, 이를 통하여 낮밤의 시간을 찾아낼 수 있도록 고안된 작은 아날로그 컴퓨터였다. 이것은 100년경 아라비아 장인들이 발명한 것으로, 팀판(tympanum), 레테(rete) 그리고 고도 측정 막대의 세 부분으로 구성되어 있다. 팀판은 고정된 기판으로, 별들의 위치를 알려주는 선들이 새겨져 있었다. 레테는 각 별들에서 지구 적도면에 해당하는 수평면에 수직으로 선을 내렸을 때 만나는 점들을 이은 판으로, 각 별들 사이의 상대적 위치에 관한 정보를 가지고 있었다.

| 천문 관측 기구였던 아스트롤라베. 기원전 2세기경 히파르코스가 발명한 것으로 알려져 있다. 비잔틴과 바그다드에서 사용되던 아스트롤라베는 10세기경 아랍 지배하의 스페인의 유대인 학자들에 의해서 유럽에 유입되고 약 200여 년 이후 사용법을 설명해 놓은 아랍 문헌들이 번역되면서 널리 퍼지게 되었다.

레테는 기원전 150년경에 히파르쿠스가 만든 아주 정교한 별자리 지도에 기초한 것이었다. 물론 지평선이 지역에 따라 다르기 때문에 하나의 아스트롤라베에는 여러 개의 팀판들이 있어서 가장 적절한 것을 골라 이용할 수 있게 되어 있었다. 아스트롤라베는 중세 시대의 최첨단 기술로 개발된 것으로, 작고 휴대가 간편하여 서유럽으로 널리 퍼져 나갔다. 그리고 18세기 중엽까지, 특히 항해자들에게 유용하게 사용되었다.

최초의 타이머: 물시계

— 해시계 외에 시간 측정 도구로 일찍부터 이용된 것은 물시계였다. 초기의 물시계는 바닥에 작은 구멍을 뚫은 바가지들을 물통에 올려놓은 것으로, 물이 구멍 속으로 스며들어가 나중에 바가지가 밑바닥에 가라앉는 데 걸리는 시간을 재는 장치였다. 더욱 정밀한 물시계는 이집트에서 이용하였던 클렙시드라(clepsydra: 'water thief')라고 불리는 작은 구멍이 있는 물동이였다.

그러나 이러한 물시계는 엄밀한 의미에서 시계라고 할 수는 없었다. 해시계와 달리 지구의 자전과 연계된 시간을 알아낼 수 없었고, 단지 미리 정해진 시간의 경과를 알려 줄 수 있을 뿐이었다. 클렙시드라로 시간의 진행을 측정할 때 고려해야 할 더 큰 문제는 물이 나오는 속도가 일정하게 유지되지 않는다는 점이었다. 로마인들은 물시계에 도르래와 부표를 부착시

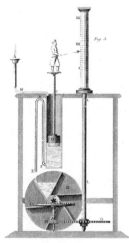

| 기원전 3세기경부터 사용되었던 클렙시드라의 설계도. 물이 들어오면서 올라가는 물 저장고의 수위에 따라 함께 떠오르는 사람 인형이 시간을 가리키고 있다.

| 아테네 박물관에 소장되어 있는 고대 아로라 유적인 초기의 물시계 클렙시드라. 위의 항아리는 기원전 5세기 후기의 원래의 것이고 아래는 동일한 진흙으로 후대에 재현한 것이다. (자료: Wikimedia commons)

켜 24시간짜리 시간 측정 기구로 개량 발전시켰다. '수위가 일정하게 유지'되는 물탱크로부터 '일정한 속도'로 부표 탱크에 물이 흘러내리면서 수위가 상승하면, 부표가 함께 떠오르면서 이에 연결된 막대가 원판이나 선이 그어져 있는 드럼에 시간을 표시할 수 있게 만든 것이었다. 이것은 계절에 따라 시간의 길이가 달라지는 것을 조절하기 위하여 드럼의 간격을 조절하는 것은 물론, 매일 밤 자정이 되면 탱크가 자동적으로 비워지게 하여 매일 새로 날이 시작되면 부표의 위치가 동일한 곳에서 시작하도록 되어 있었다.

| 12세기 아랍권의 시계 장인 알 자자리가 제작한 물시계를 그린 그림

이러한 물시계에 적당한 장치를 부착시키면 자연히 알람시계도 될 수 있었다. 이를 최초로 만든 사람은 그리스의 철학자 플라톤(Platon)으로 알려져 있다. 아카데미에서 철학을 강의하였던 플라톤이 강의 도중 졸고 있는 제자들을 배려하여 특별하게 제작한 교육용 장비였는지도 모른다.

물시계 제작 기술은 아랍 세계에도 널리 알려져 있었다. 기원 후 5세기경 이미 아름다운 장식이 달린 시계가 가자 지방에 세워졌는데, 가장 유명한 것으로는 다마스커스의 위대한 사원 동문에 위치한 거대한 시계이다. 공들이 떨어지면서 낮에는 종들을 치고 밤에는 기름 램프에 불을 밝혔다고 전해진다. 1200년경 시계 장인인 알 자자리(Al Jazeera)가 쓴 책인 『정교한 기계 장치의 지식에 관한 책』에는 11개의 정교한 물시계에 대하여 묘사하고 있는데, 아쉽게도 1258년 칭기즈칸(Chingiz Khan)이 바그다드를 점령하였을 때 대부분 사라졌다.

한편 중국 왕실의 시계공들은 이미 8~11세기 사이에 '기계식 형태'를 닮은 물레방아 물시계들을 만들기 시작하였다. 똑같은 무게와 용량을 가진 컵들을 바퀴 가장자리에 달아 하나의

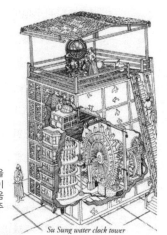

| 중국의 송수가 1088년 제작한 물을 이용한 천문 시계. 높이가 9미터 이상이며 물시계의 작동에 의하여 움직이는 천구와 함께 시간을 알려 주는 여러 인형들의 모습이 보인다.

Su Sung water clock tower

| 조선 세종 16년 장영실 등이 제작한 물시계 자격루의 클렙시드라 부분. 1985년 국보 229호로 지정되었다. (자료: Gapo / Wikimedia commons)

컵에 물이 채워지면 그것이 힘이 되어 지렛대를 움직이면서 다음 컵이 그 자리에 놓이게 되는 원리이다. 이 시계에 설치된 붙잡았다가 풀어 주는 진행 방식의 기구를 '탈진기'라고 부르는데, 이것은 바퀴를 일정한 속도로 돌아가게 하여 하나의 시간 단위를 만들어 냈다. 이 기술은 동서양을 여행하던 상인들에 의해서 유럽으로 전해져 열성적으로 받아들여졌다. 13세기 초 독일 등에서는 시계공의 길드가 형성되기 시작하였다.

우리나라도 세종 16년(1434년)에 장영실과 김조 등이 2년 여에 걸쳐 자격루를 완성하였다. 이것은 시간마다 자동으로 종을 울리도록 고안한 물시계로서, 경회루 남쪽에 보루각이라는 세 칸의 집을 만들어 설치한 당시 국가 표준 시계였다.

그러나 물시계도 한계가 있었다. 완벽하게 정확한 시간을 유지하기가 힘들었고, 또 추운 겨울에는 얼어버릴 수도 있었다. 이후 구름이 낀 날이나 실내에서 시간을 잴 수 있는 여러 장치들이 많이 개발되었다. 모래시계, 기름시계 등이 대표적인 예이다. 그러나 이들 시계들도 물시계와 마찬가지로 절대 시간을 재기보다는 어느 기준점에서부터 어느 정도 시간이 경과되었는지를 측정하는 것이었다.

기계식 시계의 발전: 추시계
—   14세기 중엽이 되면서 원통형의 몸통에 무거운 추가 매달린 끈을 감아 원동력을 만들어 내는

기계식 시계가 처음으로 등장하였다. 이 시계의 핵심은 두 개의 바퀴 멈추개가 직각으로 설치되어 있는 굴대인 버즈탈진기(verge escapement)가 폴리엇 밸런스와 함께 진동하면서 추의 무게로 회전하는 몸통에 연결된 들쭉날쭉한 바퀴를 규칙적인 간격으로 정지시켜 시간 단위를 만들어 내는 것이었다.

이 시계의 출현은 자연이 제공하는 주기에서 벗어나 인위적인 주기로 시간 단위가 변화하는 시작점이 되었다. 버즈탈진기는 14세기 중엽에 개발되었는데, 누가 발명하였는지는 분명하지 않다. 영국의 점성 천문가 월링포드 리차드(Wallingford Richard) 또는 이탈리아의 지오반니 드 돈디(Giovanni de Dondi)였을 것으로 짐작되는데, 이들은 시간뿐만 아니라 태양과 달 그리고 다섯 행성까지 따라잡을 수 있는 천문 시계를 만들려는 꿈을 가지고 있었다. 1327년 제작이 시작된 월링포드 리차드의 천문 시계는 1336년 그가 죽은 후 로렌스 드 스톡스, 윌리엄 월샴이 뒤를 이어 1349년에 완성하였으며, 지오반니도 16년이라는 세월을 들여 1364년에 멋진 천문 시계를 완성하였다.

14세기에서 16세기에 이르기까

| 스웨덴 룬드 성당에 있는 유명한 천문 시계. 12시간과 함께 12궁, 태양과 달의 움직임 등이 나타나 있다.

지 유럽의 공공건물에는 천문 시계들이 많이 설치되었다. 그중 가장 유명한 것이 스웨덴 룬드 성당에 있는 시계이다. 이 시계는 1380년에 만들어진 것으로 바깥쪽 시계판에는 12시간을 나타내는 고리가 두 겹으로 그려져 있고 안쪽의 고리에는 12궁 그리고 태양과 달의 움직임이 나타나 있다.

이와 같이 설치 비용이 많이 드는 탑시계는 도시의 번영과 시민들의 자부심을 상징하는 것으로 자리를 잡기 시작하였다. 따라서 시계들은 단지 시간 측정을 위해서뿐만 아니라 화려한 구경거리로써 장식이 첨가되기 시작하였다. 그리고 이러한 수요는 르네상스 학자들이 자동적으로 움직인다는 뜻의 정교한 기계 장치들, 즉 '아우토마타(automata)'를 창조하는 추진력이 되었다.

진자 시계
—   17세기에 들어오면서 시계 제작에 또 하나의 획기적인 진전이 있게 된다. 갈릴레이가 천장에 매달려 있는 램프가 왔다 갔다 흔들리는 모습을 지켜보다가 진자의 원리를 발견한 것이다. 갈릴레이는 진자의 호가 넓든 좁든 상관없이 진자가 흔들리는 시간은 진자의 길이에만 좌우된다는 것을 알아내고, 진자 운동의 등시성이 시계를 규칙적으로 움직이게 하는 데 사용될 수 있다고 생각하였다.

그러나 진자의 흔들림을 기초로 한 탈진기를 처음 성공적으

| 진자의 등시성을 시계 제작에 활용할 수 있다는 것을 처음으로 알아낸 갈릴레이와 그가 남긴 진자 시계의 스케치

로 시계에 적용시킨 사람은 하위헌스였다. 1656년에 하위헌스는 끈에 묶어 자유롭게 흔들리는 진자를 탈진기로 하여 하루에 8~10초 정도밖에 오차가 나지 않는 분침과 초침까지 달린 시계를 만들었다. 이것은 하루에 최소 15분 이상 오차가 나던 당시의 시계들과 비교해 볼 때 커다란 발전이었다. 이후 이를 이용한 시계들이 여러 곳에 세워지고, 다른 기계식 시계들도 이 방식으로 개조되기 시작하였다.

이렇게 시계가 점점 정밀해지면서 망망대해에서 자신의 위치(경도)를 알려 줄 수 있는 가능성이 제시되었다. 이런 목적으로 영국의 해리슨(John Harrison)이 제작한 해상 시계와 관련되어 일어났던 많은 일화들이 있다. 뉴턴도 깊이 관여되어 있었던 경도 이야기에 눈을 돌려보자.

경도법

—   1707년 10월 22일 밤 8시 안개로
덮여 있던 영국 최서단의 땅끝 마을 실리 제도에서 전함 4척이
연안 암초에 차례로 충돌하면서 승선하고 있던 해군 1,647명
이 수장되는 대형 참사가 발생하였다. 살아남은 수병은 겨우
26명뿐이었다. 함대의 총사령관인 셔블 경(Sir Clowdisley Shovel)
은 마른 모래밭까지 기어나올 수 있었지만, 해변에 쓰러져 있
던 그의 손가락에 끼어져 있던 에메랄드 반지의 유혹을 이기
지 못한 한 여인에 의해 최후를 맞았다. 이 사실은 30여 년 후
자신의 임종을 앞두고 에메랄드 반지를 내보이면서 고백을 한
이 여인에 의해 밝혀졌다.

| 셔블 경의 참극이 일어난 영국 땅끝 마을 실리 제도의 지도 및 이곳 해안에 세워져 있는 그의
묘비

자신의 위치, 특히 경도를 정확히 알 수 없는 상태에서 추측 항해를 해야 한다는 것은 바다를 항해하던 모든 항해자들이 가장 두려워하였던 문제였다. 실리 제도의 참극은 위도와 경도를 바로 찾지 못해서 발생한 많은 사건들 중 대표적인 한 예에 불과하다. 그렇지만 이 사건은 영국 의회가 경도 문제에 관심을 갖는 계기가 되었다.

1714년 7월 8일 마침내 앤 여왕 칙령 제12호 제12조로 경도법이 영국 의회를 통과하였다.

"대권(great circle)의 2분의 1도 이내로 정확하게 경도를 측정할 수 있는 방법에 대하여는 2만 파운드(오늘날의 가치로 따지면 몇 백만 파운드에 해당), 3분의 2도 이내로 정확한 방법에 대하여는 1만 5,000파운드, 그리고 1도 이내로 정확한 방법에 대하여는 1만 파운드를 준다."

경도 1도는 60해리(nautical mile, 1해리는 약 1.85킬로미터)에 해당하는 거리이며, 제안된 각 방법은 영국 군함 선상에서 "대영제국에서 출발하여 위원들이 선정한 서인도 제도의 어느 항구에 이르기까지 해상에서 전술한 경도의 범위를 벗어나면 안 된다!"라는 조건을 충족하는지를 확인받아야 하였다.

경도법은 경도 문제의 해결을 촉구하는 탄원서 처리를 위하여 의회 내에 구성된 위원회가 노력한 결과였다. 이 위원회는 당시 72세였던 당대의 거장 뉴턴과 그의 친구이며 왕립학술원 회원이었던 핼리(Edmond Halley)에게 자문을 구한 후 긍정적인 의사를 보였던 뉴턴의 서면 답변을 위원회의 공식 보고서에 그대로 반영하였다. 이 공식 보고서는 당시 경도 문제의 해결 방안으로 제안되고 있었던 어떤 방식에 대해서도 우위를 두지 않는다고 되어 있다. 또 개인이나 단체든, 국적이 어디든, 과학이나 기술의 어느 분야든 상관 없이 유망한 해결책이면 무조건적으로 환영해야 하며, 성공을 거둔 방법에 대하여는 아낌없이 포상을 해야 한다는 점을 명시하고 있다. 그리고 마침내 7월에 이르러 경도법이 탄생한 것이다. 이에 따라 '경도심사국'이라는 별명을 가졌던 최고 수준의 심사위원단이 결성되었다. 위원단은 유망한 아이디어를 가진 가난한 발명가들이 결실을 이룰 수 있도록 격려금을 줄 수 있는 권한까지 가지고 있었으며, 1828년 해산될 때까지 약 10만 파운드를 상회하는 상금을 지급하였다.

상상의 선, 위도 및 경도

— 　　　　　　　　　오랜전부터 하늘을 관측하였던 천문학자들은 지구를 남북 동서로 나누는 가상적인 선을 지도 제작에 이용하기 시작하였으며, 이것은 프톨레마이오스의 지도로써 하나의 완성을 이루게 되었다.

위도의 경우는 태양과 달, 그리고 행성들이 거의 수직에 가깝게 머리 위를 지나는 적도를 0도로 잡았다. 고대의 천문학자들은 연중 태양이 움직이는 범위의 북쪽과 남쪽 경계선에 해당하는 북회귀선과 남회귀선에 대해서도 이해하고 있었다.

에라토스테네스(eratosthenes)가 지구의 크기를 추정한 것도 바로 시에나가 북회귀선 상에 있다는 것을 알아내면서 얻은 결과였다.

그러나 경도, 특히 경도의 기준이 되는 본초자오선에 대해서는 하늘이 어떤 안내도 주지 않았다. 따라서 지도 제작자들은 이를 임의로 정할 수밖에 없었다. 프톨레마이오스는 본초자오선으로 아프리카 서북쪽의 포튜니트 제도(지금의 카나리아 제도와 마데이라 제도)를 지나가는 경도선을 택하였으나, 그 후 지도를 만드는 사람들에 따라 아조레스 제도나 케이프베르데 제도, 로마, 코펜하겐, 예루살렘, 상트페테르부르크, 피사, 파리, 필라델피아 등지로 계속 바뀌었다.

앞에서 살펴보았던 대로 1860년대 철도망이 확대되면서 1883년 미국과 캐나다의 철도 회사들이 마침내 북아메리카를 다섯 개의 시간대로 구분하는 데 합의하였다. 이후 1884년 미국 의회는 세계 여러 나라의 대표들을 워싱턴에 초청한 자리에서 영국 그리니치 천문대를 통과하는 남북선(경도선)을 본초자오선으로 하는 데 합의하였고, 이것이 오늘에까지 이르게 된 것이다. 본초자오선이 이렇게 옮겨질 수 있었던 것은 남극과 북극을 잇는 경도선이라면 어느 선이나 기준선이 될 수 있었기 때문에 본초자오선의 결정은 결국 정치적 성격을 띨 수밖에 없었다.

실제 위도와 경도를 찾는 것에서도 상황은 비슷하였다. 유능한 뱃사람은 낮의 길이, 태양의 높낮이, 그리고 밤에는 길잡

본초
자오선

| 그리니치를 지나는 본초자오선과 이를 알리는 그리니치 천문대의 모습 (자료: shutter stock)

이 별들을 보면서 위도를 판단하였다. 많은 항해자들, 특히 미지의 항해를 할 경우에는 위도를 관찰하면서 위도를 따르는 직선 항로를 따라 '평행 항해'를 하였다. 콜럼버스의 1492년 대서양 횡단 항로에서도 이를 잘 볼 수 있다.

그러나 경도를 측정하는 것은 기본적으로 시간을 측정하는 것으로 좌우된다. 특히 바다에서 경도를 알아내려면 배가 위치한 곳에서의 시각과 함께 그 순간 모항이나 경도를 이미 알고 있는 어느 한 곳에서의 시각을 알 수 있어야 한다. 이렇게 두 지점에서의 시각을 알면 그 시간 차이로부터 거리에 관한 정보를 환산해 낼 수 있다. 지구가 360도 자전하여 완전히 한 바퀴 도는 데 24시간이 걸리므로 1시간은 1회전의 24분의 1, 즉 15도에 해당한다. 따라서 배가 있는 곳과 경도를 알고 있는 지점

사이의 1시간 차이는 경도로 15도의 차이를 나타낸다. 이와 같이 서로 다른 두 지점의 시각을 동시에 정확히 알 수 있다면 이를 통해 경도를 알아낼 수 있다. 오늘날은 손목시계로도 간단히 이 문제를 해결할 수 있다.

문제는 진자 시계에 의존하던 당시에는 바다에서 정확하게 작동하는 시계를 만들 수 없다는 데 있었다. 흔들리는 배 위에서 진자의 진동 속도는 느려지거나 빨라지거나 또는 멈추어버리기 십상이었다. 위도를 가로지르며 항해를 하는 중 겪는 기온 변화만으로도 시계의 윤활유가 묽어지거나 진해졌으며, 금속 부품들도 수축이나 팽창을 하면서 심각한 문제를 야기하였다. 기압의 상승이나 하락, 심지어는 위도에 따라 미세하게 달라지는 중력 차이도 시계 속도에 변화를 주었다. 앞서 언급한 뉴턴의 서면 답변서에도 이에 대한 내용이 있다.

"한 가지 방법은 시계를 이용하여 정확한 시간을 알아내는 것입니다. 그런데 배는 움직이고, 기후도 더웠다가 추워지고 건조하였다가 비가 내리는 등 시시각각으로 변하고, 위도에 따라 중력도 달라집니다. 아쉽게도 그렇게 정확한 시계는 아직 만들어지지 않았습니다."

2만 파운드의 상금을 받으려면 어느 정도 정확한 시계를 제작하여야 하는지 살펴보자. 경도 0.5도는 시간으로 2분(120초)에 해당한다. 이것은 영국에서 카리브 해로 가는 6주, 즉 약 40일간의 항해에서 허용되는 최대의 오차이다. 따라서 하루에 오차가 3초 이내인 시계를 만들어야 하는 것이다.

1656년 하위헌스가 진자의 운동을 파선(cycloid)으로 바꾸고 짧은 진동 거리의 나선형 평형 스프링을 개발하는 등 진자 시계를 많이 개선시켰지만, 해상 활용에는 역부족이었다.

1714년 경도법이 발효되기 이전에도 경도 문제의 해결책이라는 많은 주장이 있었으며, 경도법 발표 이후에는 수많은 아이디어들이 심사국에 접수되었다. '경도인(Longitudinarian)'이라는 새 별명이 붙여진 이들 중 특히 눈에 띄는 사람으로는 영국의 대커(Jeremy Thacker)가 있었다. 대커는 '크로노미터(chronometer)'라고 명명한 진공 속에 보관하는 두 개의 태엽 감는 장치를 갖춘 시계를 나침반 수평 유지용 짐벌스 장치에 장착하고 애써 온도 보정을 하는 노력을 기울였지만 최상의 조건에서도 하루 6초 이하의 벽을 넘지 못하였다. 하루 최대 3초의 오차를 허용하는 2만 파운드의 상금에는 역부족이었던 것이다.

해리슨의 해상 시계

—   결국 많은 사람들이 가능하지 않을 것이라고 예상하였던 해상 시계는 해리슨이라는 이름의 외로운 천재 시계공이 1730년경부터 일생을 두고 제작한 4개의 시계에 의해서 성공을 거두었다.

후대의 이런 발전을 직접 보지 못하고 세상을 떠난 뉴턴이 위원회에 제출하였던 답변서에서 시계를 이용한 방법을 언급하면서도 그 가능성을 크게 보지 않았던 것은, 당대의 최고 정밀 시계 제작자로 알려진 하위헌스가 제작한 시계도 도저히 그 성능을 만족시키지 못하였기 때문인 것으로 여겨진다. 오히려 뉴턴은 시계에 대한 희망을 접는 대신 하늘에 희망을 두고 있었음을 은연 중에 반영하고 있었던 것일지도 모른다. 그러나 이런 불가능을 가능으로 만든 해리슨의 노력으로 시계를 이용하여 경도를 찾는 방법은 결정적인 전기를 맞게 되었다. 이를 기초로 한 크로노미터의 개발은 후일 해상 항해의 중요한 필수 도구로 큰 기여를 하게 된다.

| 정밀한 시계 제작을 통하여 경도 문제를 해결한 천재 시계공 해리슨

이러한 과정을 거치면서 시계 제작은 급속한 발전을 이루어 오늘날의 시계로까지 이어졌다.

현재의 시계: 수정 시계

—   1929년에는 미국의 모리슨(Jasper Morrison)이 새로운 시계를 발명하였다. 시계 안에 들어 있는 수정 진동자가 전류에 의해서 1초에 수백 번씩 진동하면서 시간 단위를 제공하는 수정 발진식 시계를 만든 것이다. 물론 초기의 수정 시계는 커다란 정전압 장치가 부착된 장식장만한 크

기였으나 집적회로가 발명되면서 크기가 현저히 줄어들었다. 1957년에는 최초로 전기 시계가 소개되어 태엽이 작은 배터리로 대체되었다. 이어 1959년에는 진동수를 계산하는 소리굽쇠가 평형 바퀴를 대체하였다. 그리고 오늘날의 많은 시계들은 바늘이 달려 있는 시계에서 디지털 형태로 숫자가 표시되는 시계로 바뀌었다. 즉 연속적이라고 생각하였던 시간의 개념에 새로운 기본 단위를 제공한 디지털 시계가 탄생하게 된 것이다.

원자 시계

— 지금까지 소개된 모든 시계들은 모두 진동수의 측정에 기초를 두고 있다. 그러나 진동은 영원히 계속될 수 없다. 언젠가는 에너지를 잃고 멈추기 마련이다. 이것은 17세기에 뉴턴이 관찰한 운동의 법칙에 따른다.

1913년 덴마크의 물리학자 보어(Niels Bohr)는 새로운 시계를 만들 수 있는 방법을 발견하였는데, 원자들이 어느 주어진 특별한 주파수에서만 에너지를 흡수하거나 방출한다는 것을 알아낸 것이다.

1949년 미국 상무성 표준국은 원자의 주파수에 기초한 새로운 시계를 개발하였다고 발표하였다. 이로써 마침내 인류는 오늘날에 와서 세슘 공명 장치를 이용하여 37만 년에 1초, 1년에 100만 분의 1초 정도밖에 오차가 나지 않는 원자 시계를 갖게 되었다. 그리고 1972년에 이르러 전 세계의 표준 시간은 원자시에 기초한 시간으로 바뀌게 되었으며 이제 우리는 윤초까지 걱정하는 시대를 맞이하게 되었다. 그런데 그렇게 완벽하지 않은 지구의 운동에 비하여 시계가 너무 완벽한 것은 아닐까?

3부 시간의
상대성

1.
달의 운동과
시간

2011년 8월 27일부터 9월 4일까지 대구에서 세계 육상 선수권 대회가 열렸다. 전 세계 212개국에서 6,000여 명의 선수단이 참가하여 달구벌을 한껏 홍분의 도가니로 만들었다. 홍분의 절정은 마지막 날 우사인 볼트(Usain St. Leo Bolt)가 참여한 자메이카 팀이 400미터 계주에서 세계 신기록을 세우는 순간이었다. 종래의 기록인 37.10초를 0.06초 단축한 37.04초의 기록이었다. 이러한 사건들은 자연이 주는 최소 시간 잣대인 하루를 더 잘게 쪼갠 하루 24시간, 1시간 60분, 1분 60초의 시간 잣대 속에 우리가 생활하고 있음을 더욱 실감하게 해 준다.

그런데 왜 하루는 24시간이 된 것일까? 또 왜 1시간은 60분, 1분은 60초가 된 것일까? 그리고 더욱 심각한 의문은 시간이 정말 절대적인 것일까 하는 것이다.

하루는 왜 24시간일까?

— 앞에서도 이야기하였듯이 프랑스 혁명 이후 혁명 달력을 제작하였던 이들은 하루를 20시간으로 하는 시간 단위를 정착시키려고 시도하였으나 결국 포기하고 말았다. 하루 24시간의 전통이 이미 대부분의 사람들의 생활 속에 뿌리 깊게 정착하고 있었기 때문에 쉽게 성공할 수 없었던 것으로 생각된다.

사람들이 확실하게 느낄 수 있는 크로노미터의 최소 단위는 태양일이었다. 따라서 하루를 더 작은 단위로 쪼개는 시간 단위는 자연에서 그 주기를 찾을 수 없는 인위적인 것이었다. 기원전 450년경에 역사학자 헤로도토스(Herodotos)는 "그리스인들에게 해시계 막대와 하루를 12개의 단위로 쪼개는 것을 가르쳐 준 것은 바빌로니아인이다."라고 기술하고 있다.

역사학자들은 12단위의 시스템이 황도대를 12등분하고 이들 각 자리에 12개의 별자리 이름을 붙였던 고대 바빌로니아에서 기원한 것으로 보고 있다. 이러한 하늘과 시간의 자리 나누기를 받아들인 그리스인들은 이를 황도 12궁이라고 불렀다. 어원인 그리스어 '조디온(zodion)'은 동물의 형상을 의미한다. 또한 1년의 태양년이 12개 삭망과 거의 일치한다는 자연의 크로노미터 관측으로부터 자연스럽게 낮과 밤의 12시간이 유래된 것으로 보인다. 그리고 분, 초 등의 시간 단위는 당시 사용하던 60진법에서 영향을 받은 것으로 추측된다.

우리 생활에는 아직도 12의 잔재가 많이 남아 있다. 구미 사람들에게 더욱 친숙한 길이의 단위인 야드(yard), 피트(feet), 인치(inch) 시스템에서 1피트는 12인치이다. 온도를 재는 화씨에도 12의 흔적이 남아 있다. 1724년 파렌하이트(Fahrenheit)가 제안한 화씨온도는 얼음, 물 그리고 염화암모늄으로 만들어진 염수의 어는점을 0도, 정상적인 사람의 체온을 96도로 하여 그 사이를 96(12×8) 등분한 온도 단위였다.

하늘의 별을 보면서 만들어진 12궁도도 마찬가지이다. 우리에게 친숙한 쥐, 소, …, 개, 돼지로 이어지는 12지도 12단위이며, 연필 등을 셀 때 사용하는 다스(dozen)도 12단위계의 셈법이었다. 우리 손의 4손가락 12마디도 고대의 사람들이 자연스럽게 1에서 12까지를 셀 수 있는 도구였다고 전해진다.

그런데 실제로 24시간의 하루가 그렇게 절대적인 것 같아 보이지 않는다. 과학자들이 지구의 역사를 통하여 하루의 길이가 점점 길어지고 있다는 증거를 찾아낸 것이다.

점점 길어지는 지구의 하루

— 먼 과거에는 지구의 하루가 지금보다 더 짧았을 것이라는 문제를 처음으로 제기한 과학자로는 산호 화석을 연구하던 미국의 고생물학자 웰스(John Wells)를 들 수 있다. 웰스는 산호 껍질에서 볼 수 있는 가는 줄무늬가 하루 동안 자란 성장선임을 알아냈다. 그리고 계절에 따른 성장 속도의 차이에 따라 마치 나이테와 같은 선이 생기는데, 이

를 이용하여 1년의 날 수를 알 수 있다고 생각하였다. 오늘날의 산호에는 약 360개의 성장선이 있지만 약 3억 년 전인 석탄기에는 약 390개, 그리고 약 4억 년 전인 데본기의 산호에는 약 400개의 성장선이 있다는 것을 알아낸 것이다. 이 결과는 3억 년 전에는 1년이 390일, 4억 년 전에는 1년이 약 400일이었다는 것을 의미한다. 지구의 공전 속도는 그다지 변하지 않았다는 것을 감안할 때 1년의 날 수가 많아지면 하루의 시간이 짧아진다. 즉 석탄기의 하루는 약 22시간 30분이고 데본기에는 약 22시간밖에 되지 않은 것이다. 이로써 지구의 자전 속도가 시간의 흐름에 따라 점점 느려진 것을 알 수 있다.

이 원인은 지구와 달 사이에 작용하는 조석력의 영향 때문이다. 달의 조석력의 영향으로 지구가 부풀어 오르는데 시간이 지남에 따라 부풀어 오르는 방향과 달이 있는 방향에 어긋남이 생기게 된다. 이에 따라 부풀어 오른 방향에 작용하는 달의 인력이 지구의 자전 속도에 브레이크를 걸면서 지구의 하루 길이가 점차 길어지게 되는 것이다. 앞에서 살펴보았던 윤초도 이러한 조석 작용 등으로 인해 점점 늦어지는 지구 자전 속도에 원자시를 맞추기 위한 작업이다.

| 웰스. 화석 산호의 나이테 형태의 성장선 연구를 통하여 4억 년 전 하루의 길이가 약 22시간밖에 되지 않았으며, 따라서 1년이 400일 정도였다는 것을 알아냈다.

그런데 최근 과학자들의 연구 결과를 통하여 이것이 달의 형성 과정과 밀접한 관

련이 있다는 것을 알게 되었다. 달은 도대체 어떻게 지구 주위에 자리를 잡고 지구를 맴돌게 된 것일까?

달이 어떻게 만들어졌을까 하는 것은 지구과학의 중요한 질문의 하나였다. 그러나 이러한 문제에 대해 본격적인 논의가 시작된 것은 지금으로부터 100여 년 전인 19세기 후반의 일이다.

달이 만들어 낸 태평양?

—   지금으로부터 약 130여 년 전인 1882년의 일이다. 영국의 지질학자 피셔(Osmond Fisher)는 태평양의 기원을 달에서 찾을 수 있었다는 주장을 내놓았다. 지구에서 달이 떨어져 나가면서 남긴 큰 웅덩이에 물이 고이면서 태평양이 만들어졌다는 것이었다.

이보다 4년 앞선 1878년에 다윈(George Howard Darwin)은 조

| 달이 떨어져 나간 후 생긴 웅덩이에 물이 차 생겼다고 여겨졌던 태평양

석의 마찰에 따른 지구 자전 속도의 감소와 이에 따른 달의 궤도 변화를 알면 지구 탄생시의 달의 위치를 알아낼 수 있을 것이라고 생각하였다. 여기에서 말하는 다윈은 1859년 『종의 기원』을 발표한 다윈(Charles Darwin)의 둘째 아들이다. 그는 이러한 계산을 통하여 지구 역사의 초창기

에는 지구와 달이 훨씬 가까이 있었고 지구의 자전 속도가 지금보다 훨씬 더 빨랐을 것이라고 예상하였다. 이에 근거하여 다윈은 빠른 속도로 회전하던 지구의 원심력으로 인하여 지구의 일부가 떨어져 나오면서 달이 형성되었을지도 모른다는 가설을 발표하였다. 이렇게 해서 소위 분열설이 탄생하였는데, 이 생각은 20세기에 들어와서도 한동안 널리 받아들여졌다. 그리고 피셔는 이 가설이 필요로 하는 분열의 흔적을 바로 태평양에서 찾았다.

피셔가 달의 기원에 관한 '분열설'을 받아들였던 당시는 태평양 바다 밑이 도대체 어떻게 생겼는지 거의 알 수 없었던 시절이었다. 오늘날 많은 연구를 통하여 태평양 가장자리에는 마리아나 해구, 일본 해구, 알루션 해구, 칠레 해구와 같은 수심이 매우 깊은 해구가 있으며, 남동태평양에는 동태평양 해

| 태평양의 기원이 달이라고 주장하였던 영국의 지질학자 피셔

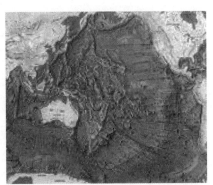

| 1960년대에 와서야 밝혀지기 시작한 태평양 해저의 모습 (자료: shutterstock)

저 산맥이 자리 잡고 있고, 많은 화산섬들이 태평양 전체에 걸쳐 흩어져 있는 매우 복잡한 모습을 하고 있다는 것을 알고 있다. 피셔의 주장은 해저가 그저 평평한 웅덩이의 모습을 하고 있을 것이라고 생각하던 때에나 가능할 수 있었던 재미있는 일화이다.

달의 비밀을 밝혀 준 인류의 달 탐사
—   오늘날 과학자들은 달이 어떻게 태어났는지에 대하여 이전과는 매우 다른 생각을 가지고 있다. 바로 1969년 달에 처음으로 발을 내디딜 수 있게 된 인류 탐험의 결과이다.

"이것은 한 개인에게는 하나의 작은 걸음이지만 인류에게는 큰 도약입니다."

이 말은 7월 21일 닐 암스트롱(Neil Alden Armstrong)이 달 착륙선 이글 호의 마지막 계단을 내려와 지구 이외 천체에 최초로 발을 내디디면서 한 역사적 발언이다.

이어진 여섯 차례의 아폴로 달 탐사에서 우주인들은 385킬로그램이나 되는 귀중한 달 시료를 지구로 가지고 돌아와 지구과학자들의 손에 넘겨 주었다. 조심스러운 연령 측정을 통해 46억 년에 가까운 값을 보이는 많은 시료를 확인하였으며, 이로써 1950년대 미국 칼텍의 패터슨 교수가 얻어낸 결론, 즉 46억 년 전에 태양계 가족이 다 함께 탄생하였다는 것이 확인

되었다. 그런데 달 탐사가 알려 준 흥미로운, 한편으로는 역설적이기도 한 사실은 46억 년 전 태양계가 형성될 당시 달은 이에 포함되지 않았다는 것이다. 그렇다면 달은 어떻게 태양계의 한 식구로 등장한 것일까?

달을 관찰한 과학자들

—   달을 과학적으로 처음 살핀 사람들은 그리스인들이었다. 기원전 3세기경 아리스타르쿠스 (Aristarchus)는 월식 때 달에 비친 지구의 모습을 이용하여 지구에서 달까지의 거리가 지구 반지름의 60배 정도 될 것으로 추정하였는데, 이것은 55~63배인 실제 거리와 비교해 볼 때 매우 놀라운 추정이었다. 또한 전기 작가 플루타르크(Plutarch)는 달에 사람들이 산다고 믿었으며 어두운 부분은 바다(maria), 밝은 부분은 육지(terrae)라고 불렀는데, 오늘날까지 이런 믿음의 흔적이 지명에 그대로 남아 있다.

그러나 1610년 갈릴레이가 망원경으로 하늘을 관찰하면서 어두운 부분은 실제로 넓은 평원이며, 밝은 부분은 고저가 심한 산악 지대라는 것이 밝혀졌다. 이와 같은 갈릴레이의 관찰을 근대적 연구의 효시로 꼽을 수 있다. 신의 창조물인 완벽한 구라고 믿었던 달의 표면이 매우 불규칙한 모양을 하고 있다는 사실은 그가 지동설을 받아들이는 데 크게 일조하였다.

지구가 겪은 최대의 충돌 사건

— 　　　　　　　　실제로 달의 기원에 관한 납득할
만한 이론이 정립된 것은 앞서 이야기한 대로 1969년 사람들이
달에 발을 내디디면서 직접 달을 관측할 수 있게 되면서부터이
다. 이렇게 달의 기원에 관한 이론이 정립되기까지 오랜 시간
이 걸린 이유는 달이 지구를 포함하는 다른 행성들과 달리 특
별한 성질을 가지고 있기 때문이다.

　가장 중요한 특징 중 하나는 달이 평균적으로 볼 때 꽤 가벼
운 위성이라는 것이다. 달의 밀도는 3.34그램/세제곱센티미
터로서 평균 밀도 5그램/세제곱센티미터 이상의 지구에 비하
여 매우 가볍다. 이것은 지구처럼 무거운 철로 된 핵을 별로
가지고 있지 않다는 것을 보여 준다.

　과학자들은 지구가 탄생한 후 맨틀, 핵 등으로 분화되는 과
정을 마친지 얼마 되지 않아 화성 정도 크기의 물체와 천지가
개벽할 정도의 엄청난 충돌을 하였으며, 이때 흐트러진 지구
맨틀 성분을 추스르는 과정에서 자연스럽게 달이 탄생하였다
고 여기며, 이것이 바로 '충돌설'의 요점이다. 약 46억 년(좀 더
정확하게는 45억 6,000만 년) 전 태양계의 한 식구로 지구가 탄생하
고 그 후 약 5,000만 년밖에 지나지 않은 시기에 지구가 대략
화성 정도 크기의 물체와 충돌한 것으로 과학자들은 추정하고
있다.

　'충돌설'은 1970년대 중반에 당시 여러 가지 달의 성질(밀도,
월석들이 보여 주는 나이, 성분 분포, 엄청난 각운동량)들을 설명할 수 있

는 하나의 가능성으로 반신반의 속에 등장하였다. 그러다가 1984년 달의 기원을 밝히기 위해 열렸던 회의를 계기로 달의 기원을 설명할 수 있는 가장 신빙성 있는 이론으로 자리를 굳히기 시작하였다. 충돌설을 다시 한 번 정리하면 다음과 같다.

45억 년 전 어느 날 지구와의 충돌 경로에 있던 한 불량 행성은 태어난지 얼마 되지 않았던 지구와 난폭한 충돌을 하였다. 이 충돌로 인해 만들어진 엄청난 양의 먼지와 암석이 지구 둘레의 궤도로 쏘아 올려졌으며, 이들이 다시 모이면서 달을 만들었다. 그리고 이때 발생한 엄청난 열은 지구와 갓 태어난 달 표면에 엄청난 마그마의 바다를 만들었을 것임이 분명하다. 물론 이때 처음 만들어진 달은 오늘날 지구에서 38만 킬로미터나 떨어진 먼 하늘에 떠서 우리들에게 온갖 이야깃거리를 제공해 주는 낭만적인 은빛의 달은 결코 아니었던 것 같다. 과학자들의 추정에 의하면 당시 달은 지구에서 불과 2만 4,000킬로미터밖에 떨어져 있지 않았다고 한다(지구의 원둘레가 4만 킬로미터임을 상기하자.).

분명한 것은 지름 약 3,500킬로미터의 달은 우리들이 상상하기 힘든 엄청나게 거대한 모습이었을 것이다. 이것은 태양의 겉보기 지름보다 거의 16배 정도 큰 모습으로, 오늘날의 달이 차지하는 것보다 250배나 큰 창공을 가로막으면서 약 8도의 호를 따라 지구 주위를 선회하였다. 초기의 달은 화산 활동이 격렬하게 진행되는 천체였으므로, 뜨겁게 열을 분출하는 붉은색의 마그마가 나와 균열된 부분이나 화산 분지를 채우고 있는 검은 달의 표면을 지구에서도 쉽게 볼 수 있었을 것이다. 오늘날의 태양빛보다 수백 배 더 강렬한 빛을 반사하던 원시 보름달의 모습도 극적이었을 것이 분명하며, 아마 그 불빛 아래에서 쉽게 책을 읽을 수도 있었을 것이다. 이런 모습의 달의 형성은 지구의 역사에서 매우 중요한 전기였음이 분명하다. 지구에서 바라본 달은 하늘을 뒤덮은 초대형 천체로, 지구에 엄청난 파괴 효과를 줄 수 있는 존재였던 것 같다.

지구에서 멀어져 가는 달

— 어떻게 초기의 달이 지구에서 점점 멀어져 오늘에 이른 것일까? 얼핏 생각하면 도저히 일어날 것이라고 상상할 수 없는 일 같지만, 이를 분명히 증명해 줄 수 있는 과학적 자료들이 있다. 아폴로 우주인들이 달 표면에 설치해 놓았던 반짝이는 거울이 바로 그것이다. 지구로부터 발사되어 달의 거울에 반사된 후 지구로 되돌아오는 레이저 광선은 1센티미터보다도 아주 작은 정도의 오차로 지구와 달 사이의 거리를 측정할 수 있다. 이 관측 결과는 1970년 초 이후 달은 평균적으로 매년 3.82센티미터씩 지구에서 멀어지고 있다는 것을 보여 준다. 얼핏 들으면 얼마 되지 않는 거리 같지만, 이런 속도도 오랫동안 누적되면 매우 커져서 2만 6,000년마다 약 1킬로미터씩 멀어지게 된다. 테이프를 45억 년까지 거꾸로 돌려보면 엄청나게 다른 상황에 도달할 수도 있는 것이다.

각운동량 보존 법칙

— 어떻게 이런 일들이 일어날 수 있는 것일까? 그 답은 바로 뉴턴이 이끌어 낸 각운동량 보존 법칙에서 찾을 수 있다. 이 법칙은 "어떤 축의 주위를 회전하는 물체들로 이루어진 시스템의 총 각운동량은 항상 일정하다." 라는 것이다.

지구-달 시스템의 총 회전 에너지(총 각운동량)는 우리에게 익숙한 두 개의 회전 운동의 합으로 계산된다. 즉 하나는 지구의 중심축 주위를 자전하는 지구의 운동에너지이며, 다른 하나는 지구의 중심축 주위를 공전하는 달의 공전 운동에너지이다. 여기에서 지구의 자전으로 인한 에너지는 지구가 더 빠르게 회전할수록 더 큰 각운동량을 가지게 되며, 지구의 축을 중심으로 공전하는 달의 각운동량은 이와는 대조적으로 일차적으로 달이 지구로부터 얼마나 멀리 떨어져 얼마나 빨리 지구 주위를 공전하는가에 달려 있다. 그런데 이러한 두 운동에너지, 즉 지구의 자전 운동에너지와 달의 공전 운동에너지의 합, 즉 지구-달 시스템의 총 각운동량이 보존되어야 한다는 것이다.

이렇게 지구의 자전에 달의 공전이 합쳐져 만들어 내는 지구-달 시스템의 총 각운동량은 지난 수십억 년 동안에 걸쳐 크게 변화하지 않았다. 그러나 이들 두 운동의 상대적인 중요성은 크게 변하였다. 오늘날 지구-달 시스템의 총 각운동량의 거의 대부분은 38만 킬로미터나 떨어져 29일을 주기로 지구 주위를 공전하는 달의 공전에 묶여 있다. 달보다 훨씬 큰 몸집으로 한가로이 24시간의 주기로 자전하는 지구가 만들어 내는 각운동량은 달의 공전이 만들어 내는 각운동량의 아주 작은 부분밖에 되지 않는다. (이와 같은 이유로 태양계의 총 질량의 99.9%를 태양이 차지하고 있으면서도, 멀리 떨어져 있는 기체상의 거대 행성들이 태양계가 가지고 있는 총 각운동량의 대부분을 유지하고 있는 것이다.)

그렇지만 약 45억 년 전 상황은 이와 완전히 달랐다. 달이 지구에서 불과 2만 4,000킬로미터밖에 떨어져 있지 않으면서 달과 지구 모두 놀라울 정도로 빠르게 돌아갈 수밖에 없었다. 이것은 피겨스케이트 선수가 몸 쪽으로 팔을 끌어당기면 회전 속도가 빨라지는 것과 같은 이유이다. 당시 일어났던 상황 중 지금과 현저히 다른 상황 하나는 지구가 그 축을 중심으로 매 5시간마다 한 번씩 자전을 한 것이다. 즉 하루가 5시간밖에 되지 않은 것이다. 그런데 지구가 태양 주위를 한 바퀴 공전하는 데 걸린 시간은 여전히 1년(8,766시간)이었으며, 이 시간은 46억 년의 태양계의 역사를 통하여 크게 변하지 않았다. 따라서 당시는 1년 동안에 태양이 매 5시간마다 떠오르는 짧은 하루가 1,750일이나 있었다.

과학적 근거 자료들

—   이와 같이 정말 괴상하기 짝이 없는 생각을 입증해 주는 직접적인 자료 중 하나는 이미 앞에서 살펴보았다. 바로 산호에 대한 것이다. 몇 종의 산호는 놀랍

게도 정교한 성장선을 통하여 미묘한 1일 주기의 변화, 그리고 1년 주기의 변화를 선명하게 기록한다. 예상대로 오늘날의 산호는 매년 성장하는 동안 대략 365개의 1일 주기 성장선을 보여 준다. 그런데 약 4억 년 전인 데본기의 화석 산호를 보면 매년 400개 이상의 1일 주기 성장선을 보여 주어 더욱 빨랐던 지구 자전을 암시하고 있다. 당시 하루는 약 22시간밖에 되지 않았으며 달은 아마도 지금보다 지구에 1만 6,000킬로미터 정도 더 가까이 있었을 것이다.

이를 더 뒷받침해 줄 수 있는 관측 자료는 지구 조석의 주기에 따라 일어났던 현상에 기인된 결과이다. 아주 섬세한 층을 이루며 쌓인 퇴적물들이 조석의 일별, 월별 그리고 연별 주기를 드러내고 있었던 것이다. 유타 주 빅 커튼우드 캐니언(Big Cottonwood Canyon)에 있는 약 9억 년 전의 암석에 기록된 조석주기 결과는 당시 지구의 하루가 약 18.9시간이었으며, 이에 따라 매년 464일이 있었고, 464번 일출과 일몰이 있었던 것을 보여 주고 있다. 당시 계산된 지구와 달 사이의 거리는 약 35만 킬로미터였으며, 달이 후퇴하는 속도는 오늘날과 매우 유사하게 매년 약 3.91센티미터였던 것으로 추정된다.

물론 10억 년보다 더 오래전의 지구의 조석 주기를 보여 주는 직접적인 증거는 아직 없다. 그렇지만 45억 년 전에는 모든 사정이 지금보다 훨씬 거칠었을 것이라는 것이 거의 확실해 보인다. 지구가 5시간의 짧은 하루를 가졌었다는 것뿐만 아니라 지구 가까이에 있던 달 역시 매우 빠르게 공전하고 있었다는 것도 분명하다. 당시 달은 지구 주위를 한 바퀴 공전하는 데 84시간 정도(오늘날의 약 3일 반)밖에 걸리지 않았다. 지구가 매우 빨리 회전하고 달 역시 지구 주위를 빠르게 공전하는 가운데 달의 위상 변화도 매우 빨라 5시간의 하루가 며칠 지나면 새 달을 볼 수 있었다.

정말로 이상하였던 지구와 달

— 이 때문에 지구와 달에 이상한 결과들이 많이 일어날 수밖에 없었을 것이다. 일식이나 월식도 자주 일어날 수밖에 없었는데, 매 42시간마다 개기 월식이, 그리고 매 84시간마다 개기 일식이 일어나며, 그때마다 하늘에는 갑자기 별들과 행성들이 나타나고, 검은 하늘을 배경으로 달의 화산들이 붉은 용암을 분출하는 연출을 볼 수 있었을 것이다.

그렇지만 지구에 가까이 있었던 달이 만들어 낸 가장 난폭한 상황은 거대한 조석 작용이었을 것이다. 만약 지구와 달 모두가 완벽한 고체 덩어리였다면 불행하게도 지구와 달은 오늘날에도 서로 2만 4,000킬로미터 떨어져서 매우 빠른 회전을 하며 일식 월식이 자주 일어났던 지난 45억 년 전과 거의 동일한 모습을 가지고 있을 것이다. 그러나 다행스럽게도 지구와 달은 완벽한 고체가 아니었다. 이들을 이루는 암석들은 휘거나 굽어졌으며, 특히 이들이 용융 상태이었을 때는 오늘날 바닷물이 움직이듯이 조석에 따라 부풀거나 움츠러들기도 하였다. 2만 4,000킬로미터 떨어져 있었던 초기의 달은 지구의 암석들에 엄청난 조석력을 미쳤으며, 지구도 상당 부분 용융 상태에 있던 달의 지형에 동일하지만 반대 방향으로 중력을 끼쳤다. 따라서 엄청난 용암의 조석이 나타났을 것임이 분명하다. 또한 매 수 시간마다 지구 상의 용융 상태의 암석 표면이 달을 향해서 1킬로미터 이상 크게 부풀면서 엄청난 크기의 내부 마찰을 일으켰을 것이며, 이어 지구의 중력이 위력을 발휘하게 되면 지구를 향하고 있는 달을 부풀어 오르게 하면서 그 모습을 구의 형태에서 일그러지게 하였을 것이다.

이러한 거대한 조석의 교란 작용은 지구에서 단지 2만 4,000 킬로미터 떨어져 있던 지름 약 3,500킬로미터의 달이 오늘날 어떻게 38만 킬로미터로 멀어지게 되었는지를 설명해 주는 핵심이다. 바로 지구-달 시스템의 총 각운동량 보존 법칙이 위력을 발휘한 것이다. 상황을 정리해 보면 아래와 같다.

위력을 발휘한 각운동량 보존 법칙

— 약 45억 년 전 조석에 의해 거대하게 부풀은 용암덩이가 지구 주위를 매 수시간마다 훑고 지나갔다. 그런데 지구는 달이 지구 주위를 도는 공전 속도(매 8시간)보다 더 빠르게 자전(매 5시간)하였기 때문에 조석에 의해 부풀어진 엄청난 용암덩이는 항상 앞에서 달을 중력으로 끌어당

기게 되며 이로 인해서 달은 공전할 때마다 조금씩 공전 속도
가 더 빨라지게 되었다.

　지금부터 약 400년 전 케플러가 처음으로 알아냈던 행성의
운동에 관한 불변의 법칙에 따르면 위성의 속도가 빨라질수록
위성은 중앙의 행성으로부터 점점 멀어질 수밖에 없다. 만약
달이 지구 주위를 계속 더 빠르게 공전한다면, 그리고 이에 따
라 지구에게서 점점 더 멀어진다면 이를 통해 공전하는 위성
은 더욱 큰 각운동량을 얻게 된다. 이와 동시에 조석에 의해서
변형된 달은 지구 표면상에 있던 부풀어진 덩어리에 동일한
크기이지만 반대 방향으로 중력의 힘을 발휘하여 잡아당기며,
이로 인하여 지구는 매 자전을 할 때마다 축을 중심으로 점점
느리게 자전을 하게 된다.

　바로 여기가 각운동량 보존 법칙이 힘을 발휘하는 곳이다.
달이 빠르게 공전할수록 달은 지구로부터 점점 멀어지며 이로
인해 각운동량이 늘어난다. 이런 증가를 상쇄하기 위해서 지
구는 축 주위를 점점 느리게 회전하면서 지구-달 시스템의 총
각운동량을 일정한 값으로 유지시키는 것이다. 여기에서 다시
회전하는 피겨스케이트 선수가 회전 속도를 늦추기 위해서 팔
을 내뻗는 것을 생각해 보라. 45억 년의 시간을 거치면서 지구
의 자전은 한때 매 5시간의 주기에서 매 24시간의 주기로 자전
속도가 느려지고, 달은 지구로부터 점점 멀어지는 과정을 통
하여 각운동량의 대부분을 가져간 것이다.

　물론 지구의 자전 운동으로부터 달의 공전 운동으로 각운동

량이 변환되는 과정이 일정한 속도로 진행된 것은 아니었던 것 같다. 지구-달 시스템 역사의 초기에는 오늘날에 비해서 이러한 변환이 매우 컸다. 달이 생성된 후 처음 수백 년 동안은 달과 지구 모두 변형이 쉽게 일어날 수 있는 소용돌이치는 마그마의 바다에 둘러싸여 있었다. 이런 마그마가 조석에 따라 부풀면서 아마도 달은 매년 수 미터에서 수십 미터 이상 지구로부터 멀어질 수 있었고, 지구의 자전도 초기에 정신을 못 차릴 정도의 빠른 속도에서 점점 느려지게 되었을 것이다.

그렇지만 지구-달의 거리가 점점 멀어지면서 조석 작용의 힘이 점점 줄어들 수밖에 없었으며, 조석의 스트레스가 만들어 내는 열이 있었다고 하더라도 엄청난 충돌이 있은 후 수백만 년이 되지 않아 지구와 달의 표면은 단단한 검은 암석으로 덮였을 것이다. 그리고 고체 암석의 변형에 의한 땅덩이의 조석은 아직 무시할 수 없는 정도였지만 앞선 시기의 용융 마그마의 바다가 매일 만드는 거대한 부풀음에 비할 수는 없었다. 즉 서서히 오늘날의 지구와 달의 모습으로 변화될 수밖에 없었던 것이다.

엄청난 충돌 사건이 있은 후 상상하기 힘든 역경을 거쳐 45억 년이 지나 하루 24시간의 낭만적인 지구-달 시스템으로 진화한 것이다. 이 때문에 우리들은 절대적 시간을 생각할 때 가끔 윤초 정도를 걱정만 하면 되는 평온한 오늘을 살아가고 있다는 것이 얼마나 다행스러운 일인지 정말로 고마운 마음을 가져야 할 것 같다.

2.
시간은
상대적이다

시간은 상대적이다

—   자연의 시간 잣대가 완벽하게 절대
적이지 못한 것과 더불어 지난 세기에 초절대적이라고 믿었던
시간이 결코 절대적이지 않으며 상대적일 수밖에 없다는 엄청
난 가설이 제시되었다. 「타임」지가 20세기 세기의 인물로 선
정한 아인슈타인이 바로 그 장본인이었다.

유엔은 지난 2005년을 '세계 물리의 해'로 선포하였다.
2005년은 바로 아인슈타인이 특수 상대성 이론을 발표한지
100주년, 그리고 아인슈타인 서거 50주년이 되는 해였다.

먼저 특수 상대성 이론에 대해 살펴보자. 빛은 초속 30만 킬
로미터의 속도로 이동한다. 1887년 미국의 물리학자 마이컬슨
(Albert Michelson)과 몰리(Edward Morley)는 이를 확실히 증명하기

위한 실험을 진행하면서 참으로 난처한 결과를 얻었다. 빛은 어떤 방향으로 날아가든지 그 속도가 일정하다는 것이었다. 절대 시간의 사고를 가지고 있던 당시 학자들의 상식에 의하면 빛을 어떤 속도로 따라간다면 빛은 따라가는 속도만큼 느려 보여야 한다.

과학자들을 괴롭힌 이 실험 결과에 대하여 1905년 아인슈타인은 "빛의 속도는 광원이나 관측자의 어떤 운동에도 관계없이 일정한 값을 가진다."라는 '광속도 불변의 원리'를 근거로 하는 특수 상대성 이론을 제안하였다. 이 이론의 당연한 결과는 시간의 흐름이 관측자의 운동 상태에 따라 바뀌는 것이었다. 즉 빠른 속도로 운동하는 사람에게는 시간의 흐름이 느려지는 것이다.

물론 시간이 느려지는 효과는 속도가 광속에 가까워질수록 더욱 드러난다. 예를 들어 광속의 2분의 1 정도의 속도를 가진 우주선이 만들어질 수 있다면 1초에 약 0.13초씩 시간이 느려지게 되지만, 일상생활에서는 그 정도가 그다지 크지 않다. 시속 1,000킬로미터의 빠른 속도(물론 초속 30만 킬로미터의 빛의 속도에 비하면 100만 분의 1밖에 안 된다.)로 움직이는 제트기에서 시간은 1초당 약 1조 분의 1씩 느려진다. 현재 약 100억 분의 1초까지 정확한 시간을 잴 수 있는 원자 시계가 개발되어 있지만 앞으로 약 100조 분의 1초까지 측정할 수 있는 시계가 개발될 것으로 예상됨에 따라 특수 상대성 이론이 예측하는 시간의 흐름이 늦어지는 것이 실제로 측정될 날도 멀지 않은 것 같다.

그런데 1916년 아인슈타인은 엄청난 질량을 가진 물체는 공간을 휘게 하며 시간마저도 느리게 흐르도록 한다는 '일반 상대성 이론'을 발표하였다. 중력이 강한 곳에서는 시간이 느려진다는 것이다.

실제로 영국의 천문학자 에딩턴(Arthur Stanley Eddington)은 1919년 별빛이 태양의 중력에 의해 휘는 것을 관측하였다. 더욱이 지난 2004년에 미국 항공우주국(NASA)이 발사한 무인 위성 '중력탐사 B(Gravity Probe B)'는 지구의 중력까지도 시공간을 휘게 할 수 있다는 증거를 찾아냈다. 지구 중력의 약 3,000배의 중력을 가진 태양은 1초에 약 100만 분의 1초 느리게 흐

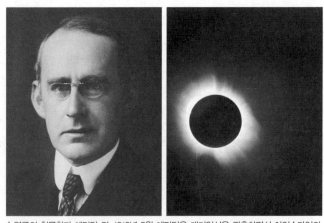

| 영국의 천문학자 에딩턴 경. 1919년 5월 에딩턴은 개기일식을 관측하면서 아인슈타인의 일반 상대성 이론이 예측하는 것과 같이 태양에 의해 빛이 휘는 것을 관측하였다.

르도록 만들며 지구도 1초에 대하여 약 10억 분의 1초 느리게 흐르도록 만든다.

GPS는 상대성 이론이
적용되는 실용적인 예

—   상대성 이론은 상대성 이론을 연구하는 과학자들만의 전유물이 아니다. 오늘날 많은 사람들이 사용하고 있는 자동차용 내비게이션이나 스마트폰 등을 통하여 우리 생활 깊숙이 자리 잡은 GPS(Global Positioning System)는 아인슈타인의 상대성 이론에 근거하여 오차를 보정해 주는 역할을 한다.

GPS 수신기의 위치 결정 원리는 지구 주위를 돌고 있는 GPS 위성들로부터 빛의 속도로 송출된 전파를 지상 기지국에서 수신하면서 각 위성에서 오는 시간 차이를 통해 각 위성들까지의 거리를 측정함으로써 3차원 좌표를 계산하는 방식이다. 스푸트니크 위성에서 송신되는 전파를 모니터링한 미국 연구팀들은 위성의 고도가 변함에 따라 전파의 주파수가 바뀌는 것에 착안하여 위성을 이용해 위치 결정이 가능할 수 있다는 것을 알게 되었다. 1960년에는 최초의 위성 항법 체계인 트랜싯(Transit)이 미국 해군에 의해서 개발되었으며, 1967년에는 타이메이션(Timation) 개발에 성공하였다. 이와 같이 고도로 정밀한 시계를 인공위성에 탑재할 수 있게 됨에 따라 GPS 운영의 필수 요건인 동기화가 가능하게 되었다. 그리고 1978년 2월 최초의 GPS용 Block-I 위성이 발사되었고, 1985년에는 10개의 Block-I 위성이, 1989년 2월 14일에는 최초의 Block-II 위성이, 그리고 1994년 1월 17일에는 총 24개의 위성 가운데 나머지 모두가 발사되었다. 1995년 4월부터는 24개(실제는 그이상)의 인공위성에서 발신하는 마이크로파를 GPS 수신기에서 수신하여 범지구 위성 항법 시스템의 능력을 완전히 갖추고 운용을 시작하였다.

GPS 위성은 고도 약 2만 200킬로미터에서 항성일마다 궤도를 두 번 일주하면서 지상의 한 점을 하루에 한 번 통과하는데, GPS 궤도는 지상의 대부분 위치에서 최소한 여섯 개의 GPS 위성을 관측할 수 있도록 배열되어 있다. GPS 수신기는 세 개 이상의 GPS 위성으로부터 송신된 신호를 수신하며, 이때 위성에서 신호를 발송한 후 수신기에 신호가 수신될 때까지의 시간 차이를 측정한다. 송신된 신호에는 위성의 위치 정보가 들어 있어 삼각측량에서와 같은 방법을 이용하여 수신기의 위치를 계산할 수 있다. 시계가 완전히 정확하지 않기 때문에 오차를 보정하기 위해 보통 네 개 이상의 위성을 이용하여 위치를 결정한다.

당초 군사적인 목적으로 개발되었던 GPS의 민간 활용에는 1983년에 구소련 영공에서 격추되어 269명의 사망자를 낸 대한항공 007편 사고도 기여를 한 부분이 있다. 이 사고를 계기로, 당시 미국 대통령이었던 레이건(Ronald Wilson Reagon)은

GPS를 민간 부문에 개방할 것을 공표하였다. 그리고 마침내 1996년 클린턴(Bill Clinton) 대통령이 민간 용도의 GPS 사용을 허가하고, GPS를 국가 자산으로 관리할 것을 지시하였다. 오늘날 GPS는 전 세계에서 무료로 사용이 가능하다.

오차없는 GPS

— SA(Selective Availability, 선택적인 사용성)는 적들이 민간 부문의 GPS를 정확한 무기 유도에 사용하는 것을 제한하기 위하여 만든 것으로, 특별히 허용된 군사용 GPS를 제외한 모든 민간 부문의 GPS 신호에 의도적으로 수직 방향으로 30미터, 수평 방향으로 100미터까지의 오차를 주입시키는 방법이다. SA 때문에 위치가 변할 수 없는 육상의 지점들도 GPS 결과를 보면 마치 한 점 주위를 불규칙적으로 계속 움직이는 것처럼 보인다. 따라서 보다 정확한 GPS 자료를 필요로 하는 민간인들(바다를 공부하는 해양학자 등)은 이와 같은 오차를 줄이기 위해서 개발된 DGPS(Differential GPS)라는 방법을 사용하였다. 이 방법은 정확한 위치를 알고 있는 육상의 한 지점의 GPS 자료가 보여 주는 겉보기 움직임을 SA로 인하여 의도적으로 도입된 오차로 간주하고 GPS 자료에서 이 만큼을 보정하여 보다 정확한 위치를 산정한다.

그런데 민간용 GPS 사용을 제한하기 위해 도입된 SA는 아이러니하게도 걸프 전쟁 당시 민간용 GPS 장비에 비해 군사용

GPS 장비의 공급이 부족해지는 현상이 발생하면서 제거되는 계기를 맞았다. 또한 미국연방항공청(FAA, Federal Aviation Administration)은 독자적인 라디오 항법 시스템을 유지하는 데 필요한 재정을 절감할 수 있다는 이유로 SA를 제거할 것을 지속적으로 요구하였다. 결국 클린턴 대통령은 2000년 5월 1일 자정부터 SA의 오차를 0으로 설정하도록 하는 성명을 발표하였고, 이에 따라 SA 기능이 실질적으로 제거되었다. 사실 클린턴 대통령의 성명은 2006년까지 오차가 없는 시스템을 만드는 것이었는데, 이미 미국 군부에서 자국의 군사 시스템이나 다른 민간 사용자들의 GPS에는 전혀 영향을 주지 않으면서도 분쟁이 있는 일부 지역의 적대 세력에게는 GPS나 기타 다른 항법 사용 정보를 제공하지 않는 새로운 관리 시스템을 개발하였기 때문에 그 시기가 훨씬 앞당겨진 것이다.

이에 더하여 2007년 미국 방위성은 앞으로 도입되는 GPS Ⅲ 인공위성에는 SA 기능을 없애고, SA 유예 기능을 영구적으로 폐기한다고 발표하였다. 그럼에도 불구하고 SA 기능은 미국이 운용하고 있는 GPS에 대항하여 유럽이나 러시아, 중국 등이 독립적으로 새로운 위치 결정 시스템을 개발할 수밖에 없다는 빌미를 마련해 주었다.

새롭게 추진되고 있는 GPS들

—   일찍이 구소련도 1991년 완료를

목표로 독자적인 GLONASS(GLObalnaya NAvigatsionnaya Sputnikovaya Sistema, 영어로는 GLObal NAvigation Satellite System) 개발을 시작하여 1995년에 완성하였다. 그러나 자국의 경제 파탄으로 시스템이 급속히 부실화되었다가 최근 시스템을 복원하여 2010년 현재 24개의 위성을 운용하고 있다.

현재 유럽연합이 개발하고 있는 야심 찬 계획은 흔히 'Galileo'라고 불리는 갈릴레이 위치 결정 시스템(Galileo positioning system)이다. 이 시스템은 미국의 GPS와 달리 철저히 민간을 위한 시스템 개념으로 시작되었다. 그러나 재원 마련, 이를 반대하는 미국과의 알력 등으로 험난한 길을 걸어야 하였다. 이후 2004년 미국 정부와 유럽연합은 Galileo와 GPS 간의 공조를 위한 협정에 조인하고, 2003년 중국이 이 계획에 합류하는 것을 시작으로 여러 나라가 동조하기 시작하였다. 우리나라도 2006년 1월에 이 프로그램에 가입하였다. 2005년 12월에 시험 위성 발사를 시작한 Galileo는 2019년 30개의 인공위성 운용을 목표로 하여 민간을 위한 또 하나의 독립적인 GPS로서 작동 예정이다.

여기에 첨가해야 할 또 하나의 시스템은 중국이 2000년부터 독자적으로 개발을 시도한 범지구 위성 항법 시스템 북두위성도항정위계통(Beidou Navigation system, 北斗衛星導航定位系統)이다. 중국은 2003년 당시 유럽연합의 Galileo에 합류하면서 수년에 걸쳐 2억 3,000만 유로를 투자하기로 하였는데, 이를 포기하고 자체 개발에 더욱 박차를 가하고 있다. 중국은

| 우리들에게 위치 정보를 알려주는 GPS 인공 위성. 인공 위성에 설치되어 있는 시계에는 정확한 위치 정보를 얻기 위해서 특수 상대성 이론 및 일반 상대성 이론이 알려주는 시간 흐름의 변화를 보정해 주는 장치가 마련되어 있다.

2007년부터 Beidou-2(북두-2)로 알려져 있는 5개의 정지 위성과 30개의 중궤도 위성으로 이루어진 새로운 위성 항법 시스템인 컴퍼스(Compass) 계획을 추진하고 있다. 컴퍼스는 GPS나 Galileo와 유사한 범지구 위성 항법 시스템으로, 2012년 이미 16개의 인공 위성이 발사되었으며, 이 중 14개의 위성이 운용되어 아시아 태평양 대부분의 지역에 대한 업무를 시작하였다. 그리고 2020년까지는 전 지구적인 운용을 계획하고 있다. 이런 모든 시스템들이 협조적으로 잘 진행되면 얼마 지나지 않아 75개가 넘는 위성들이 활발한 활동을 하며 지상에 있는 모든 물체의 정확한 위치와 고도를 알려 주는 충실한 역군으로 우리들을 도와줄 것으로 기대된다.

상대성 이론이 절대적으로 필요한 GPS

GPS를 운용할 때에는 고도 2만 200킬로미터 정도에서 초속 3.87킬로미터의 속도로 빠르게 지구를 돌고 있는 인공위성의 시계와 지상 기지국의 시계가 정확히 동기화되어 있어야 하며, 이 시간 차이를 얼마나 정밀하게 측정하느냐가 정확한 위치 결정의 핵심이 된다. 문제는 기지국 시계와 GPS 위성에 탑재된 시계 사이에 상대적인 속도 차이와 중력 값의 차이 때문에 위성 탑재 시계는 상대성 이론에 의한 영향을 무시할 수 없을 것이라는 점이다.

GPS 위성의 초속 3.87킬로미터는 빛의 속도에 비해 무시할 만큼 느리지만, 특수 상대성 이론에 의하면 GPS 위성 시계는 하루에 약 7마이크로초(10^{-6}초)만큼 느리게 흐른다. 또한 약 2만 200킬로미터 상공에서 돌고 있는 GPS 위성 시계는 지구 표면의 중력보다 약한 중력장에 놓여 있어 일반 상대성 이론에 따라 하루에 약 45마이크로초 빠르게 흐른다.

이와 같이 특수 상대성 이론과 일반 상대성 이론의 효과가 결합되면서 GPS 위성 시계는 지표면 기지국의 GPS 수신기의 시계에 비해 하루에 약 38마이크로초 빠르게 흐르고 있다. 따라서 이를 보정하지 않으면 하루에 약 12킬로미터의 위치 오차가 발생하여 GPS로서의 의미가 사라지게 될 것이다. 이 때문에 과학자들은 10.23메가헤르츠 진동하는 GPS 시계의 기준 신호를 10.22999999543메가헤르츠로 진동하도록 조정하여 송출함으로써 상대성 이론의 효과를 보정해 주어 우리들이 걱정하지 않고 GPS 자료를 이용할 수 있게 해 주고 있다.

심리적 시간

—   상대성 이론의 가장 중요한 결론의
하나는 뉴턴이 그의 저서 『프린키피아』에서 "시간은 언제나
일정한 속도로 흐른다."라고 이야기하며 제안한 '절대 시간'
이 결코 절대적이지 않으며 늘어났다 줄었다 할 수 있는 '상대
적'이라는 것이다. 그리고 아인슈타인은 이러한 상대성 이론
에서 더 나아가 시간이 상대적이라는 것을 아래와 같이 표현
하였다.

"어여쁜 아가씨 옆에 1시간 이상 앉아 있던 청년에게는 이
시간이 1분 정도밖에 안 된 것으로 여겨질 것입니다. 그러나
이 청년이 만약 뜨거운 난로 옆에 앉아 있다면 1분이 1시간 이
상으로 길게 느껴질 것입니다. 바로 이것이 시간의 상대성입
니다."

오늘날 인지심리학자들은 시간의 상대성이 우리가 시간의
길이를 판단하는 몇 가지 요인에 기인한 것이라고 설명한다.
몇 가지 예를 들어 보자. 첫째는 '시간의 경과에 대한 주의'를
들 수 있다. 시간의 경과에 대해서 주의를 기울이면 기울일수
록 시간은 길게 느껴진다는 것이다. 또 하나는 '경과 시간 중
에 일어난 사건의 수'를 들 수 있다. 즉 사건이 많을수록 시간
은 길게 느껴질 수밖에 없다는 것이다.

시간은 무엇일까?

—   우리는 달력과 시계가 우리 생활
속에 들어오면서 시간이 직선적으로 흘러가고 있음을 분명히
알 수 있게 되었다. 이에 더하여 뉴턴은 시간에 절대성을 부여
하였다. 그러나 1세기 전 아인슈타인의 상대성 이론의 도입과
함께 절대적 불변인 것은 광속뿐이며 시간은 상대적으로 줄었
다 늘었다 할 수 있는 이상한 존재임을 알게 되었다.

그럼에도 불구하고 분명한 것은 시간은 빅뱅 이후 138억 년
이라는 긴 세월 동안 직선적으로 끊임없이 흘러가고 있으며,
우리들은 그 흐름을 조금이나마 피부로 느끼며 살아가는 특권
을 가지고 있다는 것이다.

이에 더하여 일찍기 성 아우구스티누스가 탄식하였던 질문
은 오늘날 우리에게 여전히 유효한 것 같다. "시간이란 무엇일
까? 사람들이 내게 이런 질문을 하기 전까지는 나는 이에 대해
잘 알고 있다고 생각하였다. 그러나 이 질문을 한 사람에게 이
를 설명하려고 하자 나는 시간에 대해 정말 아는 것이 하나도
없었다."

그런 우리들이 할 수 있는 것은 무엇일까? 얼마가 될지 미리
알 수는 없지만 우리들에게 주어진 흐르는 시간의 일부를 감
사하게 여기고 열심히 살아가야 하는 것이 아닐까? 어쩌면 그
것이 우리가 시간에 대해서 할 수 있는 유일한 길이리라.

부록
...
우리의 전통 달력

Time
시간의 의미

우리는 매년 새해가 되면 달력에서 몇 가지 일정에 대한 음력 날짜를 살펴본다. 구정, 석가탄신일, 추석 등이 모두 음력으로 되어 있어 매년 날짜가 달라지기 때문이다. 이렇게 우리가 일반적으로 음력이라고 부르는 전통 달력은 달이 지구를 한 바퀴 도는 시간을 기준으로 만든 것으로 알려져 있다. 하지만 엄밀한 의미에서 보면 달력은 달의 운동뿐만 아니라 태양의 운동도 고려하고 있다. 팥죽을 먹는 날로 알려져 있는 동지와 같이 우리 생활 속에 깊숙이 들어와 있는 24개의 절기도 흔히 달의 운동만 관련되어 있는 것으로 생각하기 쉬우나 춘분, 추분 등에서 연상할 수 있는 것처럼 태양의 운동에 의해 날짜가 결정되는 것이다. 어떻게 달과 태양의 운동이 결합된 달력이 우리 생활에 들어오게 된 것일까?

● 순태음력과 태음태양력

순수한 달의 주기만을 이용한 달력을 순태음력이라고 한다. 중동에서 사용하는 이슬람력과 같은 달력이 순태음력의 대표적인 예이다. 그런데 이러한 달력에는 심각한 문제가 있었다. 우리가 잘 아는 대로 1년의 길이는 대략 365일이다. 태음력은 달의 공전 주기를 따라 30일과 29일을 번갈아 사용하면서 12개월을 만들 수밖에 없는데, 이렇게 하면 태양력과 매년 $365 - 6 \times (30 + 29) = 11$일의 차이가 생긴다. 따라서 음력 달력을 계속 쓰게 되면 태양력의 계절과 밀접한 관계가 있는 농사와 관련된 일정이 모두 뒤죽박죽되는 상황이 일어날 수밖에 없다. 그래서 음력에 태양에 의한 계절의 의미를 삽입하게 되었는데, 이렇게 탄생한 것이 바로 태음태양력이다.

● 19년에 7번씩 윤달 끼워 넣기

순태음력이 계절과 맞지 않는 것을 해결할 수 있는 방법은 바로 차이가 나는 11일을 달력에 적절히 채워 넣는 것이었다. 그렇지만 매해 11일씩을 덧붙이는 방법은 달의 주기와 어긋난다는 문제점이 있었다. 따라서 대개 3년에 1번 정도로 '윤달'이라고 이름 붙인 새로운 한 달을 집어넣어 33일의 오차를 줄이는 방법을 생각해 냈다.

그렇지만 여기에도 3일의 오차가 생기게 되므로 더욱 정밀한 방법이 요구되었다. 역사적으로 가장 많이 사용되어 온 방법은 19년에 7번 윤달을 도입하는 방법이다. 지구가 태양 주위를 도는 데 걸리는 시간은 약 365.24일, 달이 지구 주위를 공전하는 데 걸리는 시간은 29.53일이므로, 19년이 되면 365.24(일/년)×19(년) − (19 × 12 + 7)(월) × 29.53(일/월) = 0.01일이 되어 두 달력이 거의 맞아 떨어지게 되는 것이다. 이러한 19년의 주기는 예로부터 매우 중요하게 간주되었는데, 서양에서는 이를 발견한 사람의 이름을 따서 메톤 주기라고 불렀으며 동양에서는 이런 맞춤 방법을 장법이라고 불렀다. 이것은 이미 춘추 시대인 BC 600년경에 발견된 것으로 알려져 있다. 이와 같이 윤달 방법으로 순태음력을 보완하여 계절의 변화를 맞춘 달력을 태음태양력이라고 부르며, 우리가 바로 이를 사용해 온 것이다.

● 24절기

태양태음력의 핵심에는 바로 24절기가 있다. 즉 순태음력을 사용할 때 생기는 생활의 문제점을 보완하기 위해 음력에 계절의 변화, 즉 입춘, 우수, 경칩 등과 같이 태양의 운동을 표시하는 24절기를 도입하여 같이 사용하게 된 것이다.

하늘에서 태양이 1년 동안 지나가는 경로를 황도라고 부르는데, 이것은 지구의 공전 운동으로 태양의 위치가 상대적으로 하루에 1도씩 천구상에서 이동하여 생기는 궤도를 말한다. 따라서 실제로는 지구가 공간상에서 움직이는 길이라고 할 수 있다. 이와 같은 태양의 움직임이 대략 360일 정도로 반복되므로 고대인들은 이것을 24등분한 약 15일마다 마디[節]를 만들어 일 년에 24개의 절기(節氣)라는 절묘한 기법을 만들어 냈다. 이로써 달의 모양을 보면서 대략의 날짜를 짐작하고, 이와는 별도의 15일 단위로 돌아가는 절기를 통해 농사와 관련된 계절의 변화를 알 수 있었다. 절기와 절기 사이는 대부분 15일이며, 경우에 따라 14일이나 16일이 되기도 한다. 이것은 지구의 공전 궤도가 타원형이어서 태양을 15도 도는 데 걸리는 시간이 똑같지 않기 때문이다.

실제 태양의 운동에 근거한 24절기는 춘분점(태양이 남쪽에서 북쪽으로 향해 적도를 통과하는 점)으로부터 태양이 움직이는 길인 황도를 따라 동쪽으로 15도 간격으로 나누어 24점을 정한 후 태양이 각 점을 지나는 시기로 결정된다. 좀 더 정확히 말하면 천구상에서 태양의 위치, 즉 황도가 0도일 때 춘분, 15도일 때 청명, …, 300도일 때 대한으로 하는 것이다 (24×15 = 360).

24절기는 다시 12개의 절기와 12개의 중기로 나누며, 다음과 같이 12절기와 12중기가 서로 교대로 온다. 절기라는 용어가 24절기와 12절기에 동시에 사용되고 있는데, 이것은 24절기를 1년 12월의 음력월과 대응시키기 위하여 12절기를 구분한 것이다. 또 이것은 윤달의 삽입을 위해 필요한 분류법이다.

● **24절기표**

월	1	2	3	4	5	6	7	8	9	10	11	12
절기	입춘	경칩	청명	입하	망종	소서	입추	백로	한로	입동	대설	소한
중기	우수	춘분	곡우	소만	하지	대서	처서	추분	상강	소설	동지	대한

위 표에 따라 음력 각 달의 절기와 중기를 살펴보면 입춘은 1월 절기, 우수는 1월 중기임을 알 수 있다. 마찬가지로 소서는 6월 절기, 대서는 6월 중기이다. 양력에서 위 표의 절기는 대체로 매월 4~8일 사이와 19~23일 사이에 있다(예: 입춘은 대개 2월 4일, 우수는 2월 19일에 있다.). 그리고 사계절은 입춘 · 입하 · 입추 · 입동 등 4립(四立)의 날에서 시작되어 각 절기마다 6개의 절기가 포함된다. 여기서 중기에 해당하는 절기는 강한 글자로 표시하였다.

〈절기〉

봄	1월	입춘(立春): 봄으로 들어서다. **우수(雨水):** 꽃샘 추위 속에 내리는 봄비. 비가 내리기 시작하다.
	2월	경칩(驚蟄): 벌레들이 놀라 깨어나고 겨울잠을 자던 개구리가 나오는 계절 **춘분(春分):** 봄을 둘로 나누다. 즉 봄의 중심으로 밤낮의 길이가 같다.
	3월	청명(淸明): 봄 일을 시작하는 날씨가 맑은 절기

여름	4월	입하(立夏): 여름으로 들어서다. **소만(小滿)**: 식물의 푸름이 대지를 덮기 시작하며 1년 중 가장 바쁜 절기
	5월	망종(芒種): 보리는 거두고 볍씨(종자)를 뿌리는 절기 **하지(夏至)**: 여름의 절정으로 낮의 길이가 가장 길다.
	6월	소서(小暑): 작은 더위 **대서(大暑)**: 과일의 절기. 큰 더위

가을	7월	입추(立秋): 가을로 들어서다. **처서(處暑)**: 더위가 물러가다.
	8월	백로(白露): 흰 이슬이 맺히다. 일교차가 커지는 시기 **추분(秋分)**: 가을을 둘로 나누다. 밤낮의 길이가 같다.
	9월	한로(寒露): 찬 이슬이 맺히는 절기 **상강(霜降)**: 서리가 내리는 절기

겨울	10월	입동(立冬): 겨울로 들어서다. **소설(小雪)**: 작은 눈이 내리다.
	11월	대설(大雪): 큰 눈이 내리다. **동지(冬至)**: 겨울의 절정으로, 밤의 길이가 가장 길다.
	12월	소한(小寒): 작은 추위 **대한(大寒)**: 큰 추위

24절기는 계절의 특성을 말해 주지만 우리나라 기후에 정확하게 들어 맞는 것은 아니다. 24절기의 이름은 중국 주나라 때 화북 지방의 기상 상태에 맞추어 붙여졌기 때문이다. 게다가 오늘날과 같이 기후 변화와 이와 관련된 생태계의 변화가 빠르게 일어나고 있는 상황에서는 더욱 들 어맞기가 쉽지 않다.

● 윤달의 설정 – 무중치윤법(無中 置閏法)

앞에서 이야기한 대로 음력은 태양의 움직임과 3년에 약 한 달의 차 이가 나므로 윤달은 대체로 3년에 한 번 있게 된다(정확하게는 19년에 7번의 윤달이 있다.). 여기에서 음력에 윤달을 도입하는 방법은 위에 설명한 24절 기의 12중기에 의한 것이다.

24절기의 각 기 사이는 대체로 15일이므로, 한 달에는 대체로 한 번의 절기와 중기가 있게 되는데, 음력에서의 어느 달의 이름은 바로 그 달에 든 중기로 결정된다. 즉 어떤 달의 중기에 우수가 들면 그 달은 1월이며, 춘분이 든 달은 2월, 곡우가 든 달은 3월이 된다. 마찬가지로 음력 11월 에는 반드시 중기에 동지가 있다. 우리가 음력 11월을 흔히 동짓달이라 고 부르는 것도 바로 이 때문이다.

그런데 중기와 중기 사이가 음력 한 달보다 조금 길기 때문에 어떤 때 는 절기만 한 번 있고 중기가 없는 달이 생기게 된다. 이 경우에는 그 달 의 이름을 결정할 수 없으므로, 그 달을 윤달로 삼으면서 달 이름은 전 달의 이름을 따른다. 이와 같이 중기가 없는 달, 즉 무중월(無中月)을 윤달 로 하는 법을 무중치윤법(無中置閏法)이라고 한다. 간혹 1년에 두 번의 무 중월이 있는 경우가 있는데, 이때에는 처음 달만 윤달로 택한다. 이와 같은 무중치윤법을 도입하면 19년마다 윤달이 7번 정도 나타나므로 메톤 주기, 즉 장법의 19년 주기와 상당히 잘 맞아 떨어지게 된다. 이런 관점에서 볼 때 무중치윤법 대신 무절치운법으로 윤달을 도입해도 크게 상관은 없다. 그렇지만 태양의 움직임을 나타내기 위해 도입한 24절기에서 12절기보다는 12중기가 더 중요하게 여겨지기 때문에 중기를 사용하는 법이 자연스럽게 채택된 것이다.

● **달력 문화의 확산**

우리나라는 중국에서 만들어진 달력을 원용해서 사용하였는데, 문헌을 살펴보면 삼국 시대에 백제가 중국에서 들여온 송나라의 원가력(元嘉曆)을 사용한 기록이 있다.

조선에 들어와서는 세종대왕 때 위도와 경도를 고려한 일종의 태음력인 칠정산(七政算) 내편(內篇)과 외편(外篇)의 역법이 만들어졌으나 달력 제작에 이르기까지 활용되지는 못하였다. 실제로 달력을 사용한 것은 조선 효종 4년(1653년)에 서양 천문학에 영향을 받아 1645년 제작된 청나라의 시헌력(時憲曆)을 채용하면서부터이다. 그리고 오늘날 우리가 공식적으로 사용하는 태양력(太陽曆), 즉 양력은 고종 32년(1895년)에 처음 사용하기 시작하였다.

시간의 의미

1판 1쇄 펴냄 ㅣ 2013년 11월 15일
1판 2쇄 펴냄 ㅣ 2014년 12월 1일

지은이 ㅣ 김경렬
발행인 ㅣ 김병준
발행처 ㅣ 생각의힘

등록 ㅣ 2011. 10. 27. 제406-2011-000127호
주소 ㅣ 경기도 파주시 회동길 37-42 파주출판도시
전화 ㅣ 070-7096-1331
홈페이지 ㅣ www.tpbook.co.kr
티스토리 ㅣ tpbook.tistory.com

공급처 ㅣ 자유아카데미
전화 ㅣ 031-955-1321
팩스 ㅣ 031-955-1322
홈페이지 ㅣ www.freeaca.com

ISBN 978-89-969195-6-8 04400

your knowledge companion
생각의힘 문고